Als Journalistin ist **Françoise Hauser** *(fh)* seit 25 Jahren immer wieder in China und anderen asiatischen Ländern unterwegs. Startschuss dieser lebenslangen Begeisterung war das Sinologie-Studium, das sie unter anderem für zwei Semester nach Nanjing in der Volksrepublik China und ein Semester nach Tainan in Taiwan führte. Nach dem Studium arbeitete sie zunächst im Tourismus, genießt aber seit fast 15 Jahren die Freiheiten einer freien Journalistin und Autorin.

Geboren im Nachrevolutionsjahr 1969 in der bayrischen Provinz, zog es **Volker Häring** *(vh)* nach dem Abitur in die weite Welt. Mitte der 1990er-Jahre studierte er in Peking Chinesisch und Theater und unterrichtete Deutsch am Goethe-Institut. Nach seiner Rückkehr in die Heimat gründete er 2001 den Spezialreiseveranstalters *China By Bike* und organisiert seitdem Rad- und Aktivreisen in China und Südostasien. Wenn er nicht gerade durch Asien radelt, lebt Häring als freier Journalist in Berlin und schreibt seit einigen Jahren regelmäßig für verschiedene Magazine, Wochen- und Tageszeitungen. Er ist Autor mehrerer China- und Asien-Reiseführer. Mit seiner Band *Alptraum der Roten Kammer* bringt er als Sänger und Gitarrist chinesische Rockklassiker auf deutsche Bühnen.

1. Auflage

www.conbook-verlag.de
www.1-5-1.de

Lektorat: Ulrike Ritter
Einbandgestaltung: LNT Design, Köln
Druck und Verarbeitung: Himmer AG, Augsburg
Printed in Germany

ISBN 978-3-943176-68-1

Bildnachweis (genannt sind die Nummern der Momentaufnahmen): Françoise Hauser: 2, 3, 4, 5, 8, 13 (kleines Bild), 16, 17 (links oben), 19, 21, 22, 28, 30, 34, 36, 37, 38, 40, 44, 45, 46, 51, 53, 54, 55, 57, 58, 63, 64, 69, 74, 75, 81, 85, 88, 89, 92, 93, 101, 104 (Bilder links), 107, 108, 111, 114, 116 (unteres Bild), 120, 133, 137, 140, 147, 150, 151 – Volker Häring: 1, 6, 7, 9, 10, 11, 12, 13 (großes Bild), 14, 15, 17 (alle außer links oben), 18, 20, 23, 24, 25, 26, 27, 29, 31, 32, 33, 35, 39, 41, 42, 43, 47, 48, 49, 50, 52, 56 (links Bild), 59, 60, 61, 62, 65, 66, 67, 70, 71, 72, 73, 76, 77, 79, 80, 82, 83, 84, 86, 87, 90, 91, 94, 95, 96, 97, 98, 99, 102, 103, 104 (Bilder rechts), 105, 106, 109, 112, 113, 115, 116 (oberes Bild), 117, 119, 121, 122, 123, 124, 126, 127, 128, 129, 130, 131, 132, 134, 135, 136, 138, 139, 141, 142, 143, 144, 145, 146, 149 – United Nations Relief and Rehabilitation Administration UNRRA: 56 (rechtes Bild) – Maura Elizabeth Cunningham: 68 – Abraham Cresques, Atlas catalan: 78 – Dongxi Music: 100 – Zornica Kirkova: 110 – Stefan R. Landsberger (http://chineseposters.net): 118 – Hou Bo: 125 (oben) – Philadelphia Museum of Art (Künstler unbekannt) »Tribute Giraffe with Attendant«: 148

CHINA 151

Das riesige Reich der Mitte
in 151 Momentaufnahmen

Momentaufnahmen

1 Afrikaner

Die Angst vor dem schwarzen Mann

黑人 hēirén

»Ich bin kein Rassist! Ich mag einfach nur keine Schwarzen …«, wehrt der Türsteher einer Nanjinger Diskothek ab. Logisch, offiziell gibt es in China ja auch keinen Rassismus.

Die Haltung des Volkes freilich weicht von dieser offiziellen Version gerne ab: Braune Haut ist ein Zeichen von Armut, und dass Afrikaner völlig unkultiviert sind, ist für viele Menschen in China sowieso klar. Je nach Bildungsgrad scheuen sie sich auch nicht, dies offen zu zeigen. Das gängige Stereotyp des Afrikaners ist daher schnell zusammengefasst: Irgendwie sind sie schon interessant, musikalisch immer auf dem neuesten Stand, gute Tänzer und exotisch sowieso. Als Discjockeys sind sie daher beliebt, nicht aber als Englischlehrer oder gar als Manager. Ein afrikanischer Schwiegersohn? Für viele völlig undenkbar! Wie tief die Vorurteile sitzen, zeigte sich vor wenigen Jahren, als es eine zwanzigjährige Shanghaierin in der chinesischen Talentshow *Go! Oriental Angel* ins Finale schaffte: Als Tochter einer Chinesin und eines schwarzen Amerikaners wurde sie in den chinesischen Chatrooms beschimpft und diffamiert. Ihre dunkle Haut, so der allgemeine Konsens, zeige doch deutlich, dass sie keine richtige Chinesin sei, ergo könne sie auch nicht die Stadt Shanghai repräsentieren.

Allen Problemen zum Trotz gibt es in China eine große Gemeinde afrikanischer Studenten und Händler. Allein in Guangzhou, dem Zentrum des chinesisch-afrikanischen Handels, leben offiziell rund 20.000 Afrikaner. Die tatsächliche Zahl dürfte eher bei rund 100.000 liegen. Viele der afrikanischen Händler scheitern an der Visaverlängerung – und bleiben trotzdem, denn sie können es sich nicht leisten, einfach wieder abzureisen, bevor sie die Geschäfte unter Dach und Fach wissen. *(fh)*

Ahnenverehrung online

Kindspietät per Mausklick

网上祭祖 wǎngshàng jìzǔ

Ihren Kindspflichten nachzukommen, ist für moderne Chinesen mitunter nicht einfach: Mindestens einmal im Jahr, zum Totengedenkfest Qingming, heißt es am Grab der Vorfahren Opfer darbringen. Dumm, wenn man dann einen Job in Shenyang hat, die verstorbenen Eltern jedoch im 2.600 Kilometer entfernten Kunming begraben liegen.

Findige Unternehmer bieten seit einigen Jahren eine praktische Lösung: virtuelle Opferstätten im Internet. Auf diesen Onlinefriedhöfen kann man Ahnenhallen anlegen oder einzelne Grabstätten planen und vor allem mit einem Mausklick alle rituellen Handlungen auf die Schnelle erledigen: Räucherstäbchen anzünden, frische Blumen darbringen, einen Teller frische Baozi-Dampfnudeln servieren ... oder dem Verstorbenen das neue iPhone zukommen lassen. Auch im Jenseits legt man anscheinend Wert darauf, technisch auf dem neuesten Stand zu bleiben.

Damit die Nutzer dieser Seiten nicht am Ende doch noch den Service schleifen lassen, setzen diverse Anbieter auf den Wettbewerbsgeist. Hitlisten der am meisten beschenkten Verstorbenen gibt es genauso wie kleine Zähler, die anzeigen, wie viele Besucher einen Gruß hinterlassen oder, natürlich gegen Bezahlung, Opfer vorgenommen haben. Und wer will schon, dass Opa dort unter »ferner liefen« gelistet wird!

Von staatlicher Seite trifft der Trend zur Onlineahnenverehrung auf viel Wohlgefallen: Langfristig ließe sich so vielleicht sogar das allgemeine Verkehrschaos zu Qingming in den Griff bekommen.

Wirklich billig ist die Onlinevariante allerdings nicht: Die günstigste virtuelle Grabstätte von Netor ist derzeit beispielsweise ab 40 Yuan (also rund 5 Euro) zu haben, dazu kommen Kosten für die verschiedenen Opfergaben.

Übrigens: Wer glaubt, die Onlineahnenverehrung sei eine rein chinesische Angelegenheit, der irrt: Unter der Nummer TT457848656 kann man bei Waheaven sogar für Nelson Mandela ein paar Räucherstäbchen anzünden. *(fh)*

回忆相册
留声留影
追忆文库
复活重生
天堂信箱
祭奠记录
亲友名录
氏族宗祠
查看更多>>
沉痛悼念徐传财·相思鸟
音容宛在
千古流芳
四季平安
滴红冰
苹果iphone 4S
该祭品由苹于2013-05-03 11:50:09敬献，使用344币，有效时间为365天，还剩余146天18时8分1秒。
我要上香
我要烧钱
发表追忆文章
发表祭奠留言
申请香火不断
清除所有祭品
灵堂地址：http://www.waheaven.com/m/11999999 [复制链接发给亲朋好友]

欢迎光临天堂纪念网.www.waheaven.com
关注收藏
碧香馆
1573
我要祈福
回忆相册
留声留影
追忆文库
复活重生
天堂信箱
祭奠记录
亲友名录
氏族宗祠
贾守红
10月27日 - 2012年01月19日
维吾尔自治区阿克苏地区
孙颖
12月7日 - 2012年01月19日
新疆维吾尔自治区阿克苏地区
爱心指数
20
一级
我要上香
我要点烛
献上供品
献上祭品
发表追忆文章
我要留言
最新消息

3 Akupunktur

Die Kraft der Nadeln

针灸 zhēnjiǔ

Ja, man spürt sie schon ein bisschen, und nein, es tut nicht wirklich weh: Eine gut gesetzte Akupunkturnadel fühlt sich an wie ein kleiner Stromschlag.

Keine fernöstliche Behandlungsmethode fasziniert den Westen so sehr wie die Akupunktur – wohl weil ihr für den Kulturfremden etwas zutiefst Seltsames anhaftet. Im Grunde sind die Nadeln jedoch nichts anderes als kleine »Stellschrauben« an den Meridianen, den Energiebahnen des Körpers. Dort, wo die Qi-Energie nicht richtig fließt, sollen sie helfen, das Qi zu regulieren. Wo genau die Meridiane liegen, lässt sich den zahlreichen Karten und Modellen entnehmen, die in jeder besseren Buchhandlung und Apotheke zu haben sind.

Die Frage, welche der mehr als 300 Akupunkturpunkte für welche Krankheit von Relevanz sind, ist allerdings nicht ganz einfach zu beantworten. Dazu bedarf es einer klassischen Diagnose der Traditionellen Chinesischen Medizin (TCM), die sich von der westlichen erheblich unterscheidet. Neben dem Pulsrhythmus, der Iris und dem Erscheinungsbild der Zunge spielen viele weitere Faktoren wie Geruch und Allgemeinzustand des Patienten eine Rolle. Die daraus resultierenden Krankheitsbilder lassen sich nur schwer in eine westliche Terminologie übersetzen. Chinesische Mediziner sehen es daher mit großer Skepsis, wenn sich westliche Kollegen nach einigen Wochen Zusatzausbildung an die Nadeln wagen: Das Studium der dazugehörigen Diagnose braucht weitaus länger! Entgegen westlicher Vorurteile ist auch die Akupunktur in Stümperhänden nicht ohne Risiken. So gibt es beispielsweise eine Reihe von Punkten am Hinterkopf, die das zentrale Nervensystem und damit Atmung oder Herzschlag beeinflussen. Hier sollte kein TCM-Laie zugange sein.

Wer die Akupunktur in China ausprobieren möchte, ist meist in einem ganz normalen Krankenhaus richtig. Dort gibt es in der Regel eine westliche und eine östliche Abteilung, die sich keinesfalls als Konkurrenten sehen, sondern sich die Patienten je nach Krankheitsbild gegenseitig zuweisen. *(fh)*

THE STAR HACK
12 INCH
CLEMSON BROS., Inc.
MIDDLETOWN, N.Y. U.S.A.

4 Arm

Oder nur noch nicht reich?

穷人 qióngrén

Ist China ein armes Land? Ja. Nein. Für manche. Chinas Arme sind auch für Touristen kaum zu übersehen. Behinderte, die ihre verdrehten Gliedmaßen am Straßenrand zur Schau stellen, von Unfällen Gezeichnete, die sich mit Betteln über Wasser halten, alte Menschen ohne Altersversorgung, denen der Mangel ins Gesicht geschrieben steht.

Und das sind nur all jene, denen man auf Reisen begegnet. Ein großer Teil der Armen lebt auf dem Lande: Es sind keine Obdachlosen, sondern Bauern und Tagelöhner, die gerade so zurechtkommen, solange nichts Unvorhergesehenes passiert, keine Krankheit zuschlägt. Rund ein Sechstel aller Chinesen lebt von weniger als 1 Euro pro Tag.

Auf der anderen Seite gibt es in China derzeit 2,7 Millionen US-Dollar-Millionäre und sogar mehr als 260 Milliardäre. Und ihre Zahl wächst. Interessanterweise würden sich viele der Armen, vom Wanderarbeiter bis zur Snackverkäuferin, selbst nie als »arm« bezeichnen, sondern meist als »noch nicht reich«. Trotz der gewaltigen Unterschiede ist die chinesische Gesellschaft erstaunlich durchlässig. Manch ein Millionär hat wirklich mit einem kleinen Straßenstand angefangen. »Altes« Geld und reiche Dynastien, die ihre Habe über Generationen vererbt haben, gibt es in China aufgrund der vielen sozialistischen Kampagnen schon lange nicht mehr. *(fh)*

Artenschutz

Status auf dem Teller

物种保护 wùzhǒng bǎohù

Vier Tigerpranken, ein wenig angenagt und auch sonst nicht mehr in allerbestem Zustand; einige der Krallen waren bereits abgesägt. Sie lagen nicht einmal besonders versteckt auf einem Impromptu-Straßenstand aus Plastikfolie direkt am Markt von Guangzhou. Niemand störte sich daran, auch nicht die beiden Polizisten, die wenige Meter entfernt Streife liefen.

Selbstverständlich stehen Tiger auch in China unter Naturschutz. Wenn es denn überhaupt noch welche gibt, denn in den letzten 25 Jahren ist kein chinesischer Tiger mehr gesichtet worden. Gut möglich, dass dieses ramponierte Exemplar aus Indien, Sumatra oder Bangladesch stammte.

Für die Konsumenten ist es ziemlich egal, wo der Tiger erlegt wurde. In der Traditionellen Chinesischen Medizin gilt das Prinzip »Du bist, was Du isst«. Vereinfacht gesprochen gehen die Eigenschaften des Tieres auf den Menschen über, der es verzehrt. Kein Wunder, dass der kraftvolle Tiger besonders hoch im Kurs steht und von Asthma über Rheuma bis hin zu Penisgeschwüren so ziemlich alles kurieren kann. Sich eine derartige »Delikatesse« leisten zu können, hat natürlich auch mit Prestige zu tun: Eine Flasche »Schnaps« mit eingelegten Tigerknochen kann mehr als 1.000 Euro kosten. Leidtragende dieses Prinzips sind nicht nur die Tiger, sondern auch allerhand andere Tiere. Schildkröten verhelfen zu einem langen Leben, Haifische stärken die Haut und Bärenhoden und Seegurke helfen bei Erektionsproblemen. Selbstverständlich ist es auch in China nicht erlaubt, die Rote Liste der vom Aussterben bedrohten Tiere als Menüvorlage zu interpretieren. Die Gewinnspannen beim illegalen Handel mit seltenen Tieren sind jedoch so hoch, dass problemlos auch noch ein kleines Zubrot für die Ordnungshüter abfällt, die, wie in diesem Fall, dann einfach wegsehen: Tigertatzen? Doch nicht auf unserem Markt ... *(fh)*

Ayi
Perle auf Chinesisch
阿姨 āyí

Kindermädchen, Köchin, Haushaltshilfe – eine *ayi* ist ein bisschen von allem. Wie viel sie von den Aufgaben wirklich erledigt, ist eine Charakterfrage.

Es gibt *ayis,* die von ihren Dienstherren bitter ausgebeutet werden. Andere wiederum sind so gefürchtet, dass sich niemand – auch nicht in chinesischen Familien! – traut, ihnen Anweisungen zu geben oder sie gar zu feuern. Reich wird eine *ayi* in jedem Fall nicht: Bei zwischen 1.000 und 2.000 Yuan liegt ihr Monatsgehalt, also selbst im besten Fall bei weniger als 250 Euro. Ausländer legen hier und da noch ein wenig drauf, schlicht, um sich nicht allzu kolonial fühlen zu müssen. Meist stammen *ayis* aus den ärmeren Inlandsprovinzen und leben nicht selten halblegal in den Großstädten an der Küste. Gibt es Streit über das Gehalt oder zahlt der Arbeitgeber am Ende nicht, tut sie sich schwer, ihre Rechte durchzusetzen. Die Frage, wie man eine gute *ayi* findet, wird in der Ausländergemeinschaft heiß diskutiert. Über Vermittlungen? Oder doch lieber über persönliche Empfehlungen? Und was tun, wenn die Verständigung nicht klappt? Vor lauter potenziellen Problemen geht der wichtigste Aspekt fast ein wenig unter: Sich eine *ayi* (wörtlich: eine Tante) zu leisten, ist ein rundum angenehmer Luxus, der vielen Expats bei der Rückkehr in die Heimat schmerzlich fehlt und einen fetten Rückkehr-Kulturschock auslöst. *(fh)*

7 Babymilch

Woran Regierungen scheitern

婴儿食品 yīng'ér shípǐn

Lebensmittelsicherheit ist eines der dringlichsten Probleme Chinas, nicht nur, wenn es um Babynahrung geht.

Das Drama begann im Jahr 2008: Gleich mehrere chinesische Hersteller streckten ihr Babymilchpulver mit Melamin, einer Chemikalie, die beispielsweise zu Kunstharz verarbeitet wird und einen höheren Eiweißgehalt in der Milch vortäuschen soll. Weil Melamin günstiger ist als die echte Ware. Rund 300.000 Kinder erkrankten, sechs starben. Obwohl den Verantwortlichen seither der Prozess gemacht wurde und von staatlicher Seite immer wieder beteuert wird, die Kontrolle sei nun perfekt, war das Vertrauen zerstört.

Dann 2011 der nächste Skandal. Diesmal waren es Spuren von Quecksilber im Milchpulver, 2013 erwischte es sogar einen ausländischen Hersteller, der in der für den chinesischen Markt produzierten Babynahrung bakteriell verunreinigtes Milchpulver verwendet hatte.

Wie Blei liegen chinesische Produkte seither in den Regalen, denn die meisten chinesischen Eltern vertrauen nur noch ausländischer Ware – und zwar nur jener, die auch im Ausland verpackt wurde!

So groß ist die Nachfrage, dass Hongkong mittlerweile eine Ausfuhrbeschränkung auf Babymilchpulver erlassen hat: Zwei Dosen pro Person dürfen Besucher mit in die Volksrepublik zurücknehmen. Wer dagegen verstößt, riskiert hohe Strafen oder sogar einen Gefängnisaufenthalt. Selbst in Europa machte sich die Skepsis chinesischer Eltern bemerkbar: Immer wieder standen 2013 europäische Eltern vor leeren Regalen in den Drogerien, weil der private Export nach China ungeahnte Ausmaße angenommen hatte. In den USA, in Europa, Australien und Neuseeland wurden vielerorts Beschränkungen eingeführt. Mittlerweile hat sich die Lage dank enormer Produktionssteigerungen entspannt. Sicher ist dennoch: Für die meisten Chinesen ist dies nur die Spitze des Eisbergs. Fragt man vor Ort nach, welche Probleme als besonders belastend angesehen werden, stehen gepanschte oder verseuchte Lebensmittel fast immer an erster Stelle. *(fh)*

8 Chinas Backöfen

Wo die Luft brennt

三大火炉 sān dà huǒlú

Nach Nanjing? Im Sommer? Schon bei der Erwähnung des Ortsnamens fächeln sich viele Chinesen imaginäre Luft zu. Heiß! Viel zu heiß!

Genauso wie Chongqing und Wuhan gehört auch Nanjing zu den »drei Backöfen«, Chinas heißesten Orten, deren Sommertemperaturen mühelos die jeder Wüste in den Schatten stellen. Bis zu 47 °C werden hier im Sommer tagsüber gemessen, und auch nachts wird es nicht viel kühler.

Dass gerade diese drei Städte am Yangzi mit so unglaublichen Spitzenwerten glänzen, hat unterschiedliche Gründe: Chongqing und Wuhan liegen beide in einem Kessel und sind einer starken Sonneneinstrahlung ausgesetzt. Auch der ohnehin schwache Ostwind bringt ihnen keine Erleichterung, denn die mit ihm herbeigeführten Wolken regnen bereits auf dem Weg ins Landesinnere ab. In Nanjing ist es das Zusammenspiel von intensiver Sonnenstrahlung und einem sommerlichen subtropischen Pazifikhochdruckgebiet, das das Quecksilber in die Höhe treibt.

Allerdings stehen die drei Backöfen mit ihren Temperaturproblemen nicht alleine da. Als *China Weather TV* im Juli 2013 aus den nationalen Wetterdaten der vergangenen 30 Jahre eine eigene Statistik erstellte, kam Erstaunliches zutage: Die heißeste Stadt ist … Fuzhou, gefolgt von immerhin einem »Backofen«: Chongqing. Auf Platz 3 stehen Hangzhou südwestlich von Shanghai und Haikou auf der Tropeninsel Hainan. Nanjing erreichte sogar nur den 14. Platz. Die Ursache dieses neuen Rankings sind allerdings nicht klimatische Veränderungen, sondern genauere Messungen. Ganz falsch ist die Geschichte mit den »drei Backöfen« trotzdem nicht: Dank des feuchten Klimas am Yangzi wirken hohe Temperaturen für viele Menschen besonders unangenehm. *(fh)*

9

Baijiu

Alte Socken in Alkohol

白酒 báijiŭ

Er stinkt erbärmlich und wahrscheinlich könnte man mit ihm auch Möbel beizen. Dennoch gehört der Baijiu zu jeder feucht-fröhlichen Runde dazu.

Schweißsocken? Nagellackentferner? Benzin? Der echte Baijiu-Geruch lässt nicht unbedingt darauf schließen, dass die klare Flüssigkeit wirklich zum Genuss gedacht ist. Wörtlich übersetzt bedeutet Baijiu »weißer Alkohol«. Genau das ist er auch, und zwar nicht zu knapp. Bei bis zu 80 % Alkohol spielt die Geschmacksnote ohnehin keine elementare Rolle mehr.

Kenner sehen das natürlich anders. In der Tat gibt es enorme Preisunterschiede. Der bekannteste (und teuerste) Baijiu ist der Máotái. Er wird in der Provinz Guizhou aus fermentiertem Sorghum hergestellt. Unter 1.000 Yuan (circa 120 Euro) ist so eine Flasche kaum zu haben. Fast genauso berühmt ist der Erguotou, die nördliche Variante des Baijiu, die zu einem Bruchteil des Preises oft in einem handlichen Flachmann oder in kleinen Tonfläschchen daherkommt.

Der Vorteil des Baijiu liegt auf der Hand: Egal ob hochpreisig oder billig, er macht so schnell betrunken wie sonst keine Spirituose in China. Billig herzustellen ist er auch noch, sodass sich arme Wanderarbeiter mit ihm genauso die Kante geben können wie neureiche Saufkumpane. Eines ist allerdings verpönt: alleine trinken. Bevor man sich selbst einschenkt, werden alle anderen am Tisch bedient. Höfliche Säufer halten dabei ihr Glas mit zwei Händen, wobei eine den Glasboden stützt. Wer zu besoffen ist, das Glas zu erheben, klopft einfach mit den Fingern auf den Tisch – da geht noch was!

Sicher ist auch: Wer sich auf Trinkspiele mit Baijiu einlässt, sollte für den nächsten Tag keine wichtigen Termine oder längeren Busreisen planen und den Verlust etlicher Gehirnzellen in Kauf nehmen. *(fh)*

农家的空气真新鲜　农家的土鸡味真鲜
农家的白酒真好喝
白酒
澜沧江
农家乐
白酒

10

Balinghou

Die verweichlichte Generation

八零后 bālínghòu

Verantwortungslos sind sie, verwöhnt und egoistisch, ja sogar unverschämt. Sie verlangen alles und geben nichts. Lauscht man den Beschreibungen über die *balinghou*, könnte man sie für eine Bande Gesetzloser oder Kleinkrimineller halten.

Doch mitnichten: Die, die sich so vehement über die *balinghou* beschweren, sind in der Regel enge Verwandte, denn der Begriff bezeichnet schlicht all jene, die nach 1980 geboren wurden. Dass gerade sie einen so schlechten Ruf haben, ist nicht ohne Grund: Es ist die erste Generation, die keine persönlichen Erinnerungen an die Zeit vor der wirtschaftlichen Öffnung hat. Gleichzeitig besteht sie dank der Politik der Geburtenkontrolle zu großen Teilen aus Einzelkindern. Vor allem aber ist es die erste Generation seit gut 200 Jahren, die weder Krieg noch extreme politische Hetzkampagnen erlebt hat. Vor allem in der neuen städtischen Mittelschicht gibt es also erstmals eine fast sorglose Generation, die sich voll und ganz in der Aufmerksamkeit aller Verwandten sonnt und mit denselben sinnlosen Problemen herumschlägt, die auch westliche junge Menschen beschäftigen: Was soll ich anziehen? Wie kann ich den netten jungen Mann aus dem Nachbarbüro kennenlernen? Und wie lange kann ich es hinauszögern, mich dem Ernst des Lebens zu stellen?

Chinesische Eltern sind übrigens an dem Problem nicht ganz unschuldig. Damit sich die Kinder voll und ganz dem Lernen widmen können, nehmen sie ihnen meist jeden Handgriff ab. Und weil man meist bis zur Ehe sowieso bei den Eltern wohnt, bleibt der Realitätsschock lange aus.

So dringlich schien das Problem der verantwortungslosen *balinghou* lange Zeit, dass sich chinesische Soziologen und Psychologen ihrer annahmen. Die Ergebnisse waren freilich überraschend: Von wegen unsozial – die *balinghou* sind weitaus sozialer eingestellt, als man ihnen nachsagt. Und in Sachen Umweltschutz und selbstständiges Denken legen sie sowieso viel mehr Bewusstsein an den Tag als jede Generation vor ihnen. Nur das mit der Leidenschaft für Hausarbeit, das wird wohl nichts mehr ... *(fh)*

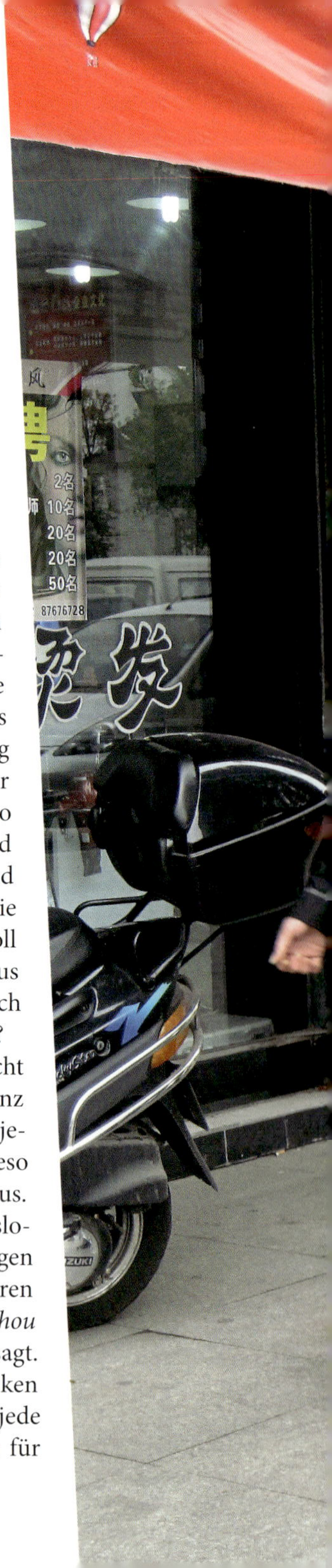

店新开 迎五一节日
健康烫发只
植物染发只

11 Balladenerzähler

Klappern mit Esprit

曲艺 qǔyì

Beste Sendezeit im chinesischen Fernsehprogramm: Zwei Männer erzählen, mit einer Art Kastagnette in der Hand, rhythmisch gereimte Geschichten. Manchmal ist auch ein groß gewachsener blonder Brillenträger in chinesischem Gewand dabei, der sich grinsend in den Reigen einreiht. Das ist dann Dashan, ein Kanadier, der zu den berühmtesten Ausländern in China gehört. Weil er etwas kann, was zur beliebtesten chinesischen Abendunterhaltung gehört: das Balladenerzählen.

Ursprünglich in der Song-Dynastie ein Instrument buddhistischer Mönche, um die buddhistischen Legenden dem einfachen Volk näherzubringen, später das Instrument der fahrenden Bettler, die von Haus zu Haus gingen und Volksmythen rezitierten, wurden die schlicht »Klapper« *(kuai banr)* genannten Bambuskastagnetten mit Gründung der Volksrepublik China ein willkommenes Mittel, um Informationen, von Propaganda bis zu nützlichen Alltagstipps, unter die Leute zu bringen. Nicht selten benutzte man dabei überlieferte Volksgeschichten und passte die Inhalte der neuen Zeit an. Parallel dazu hielten sich auch die alten Themen und erfreuten sich schon bald, gefördert von der staatlichen Kulturpolitik und verbreitet durch das Radio und das Fernsehen, im ganzen Land äußerster Beliebtheit.

Heute vergehen kein Fest und kein bedeutender Feiertag, ohne dass einer der vielen berühmten Balladenerzähler des Landes einen Galaauftritt hat. Im sogenannten *xiang sheng* (Zwiegespräch) werden alle Register des Wortwitzes gezogen und zuweilen auch die eine oder andere Spitze gegen chinesische Politiker nicht gescheut. Auch die Langnasen bekommen ihr Fett weg, und die Marotten der eigenen Landsleute werden durch den Tee gezogen. Chinesisches Kabarett, alles andere als zahnlos! *(vh)*

12 Bambus

Alles geht

竹子 zhúzi

Baugerüst, Essstäbchen, Kehrschaufel, Gemüse, Medizin: Bambus ist ein echter Alleskönner. Und gut für Überraschungen ...

Chinesische Baugerüste sind oft von bestechender Einfachheit: Eine Lastwagenladung Bambusstangen wird mit Seilen kreuz und quer so verknüpft, dass sich sogar zwanzigstöckige Häuser damit umhüllen lassen. Und ja, diese Gerüste sind sicher, auch wenn sie auf den ersten Blick recht wackelig aussehen. Trittsicher sollte man allerdings schon sein und nicht in Panik verfallen, wenn das Konstrukt elastisch nachgibt. Genauso lässt sich Bambus natürlich auch als Baumaterial für das Gebäude selbst verwenden, für die Möbel, die später darin stehen werden, und natürlich für Tausende kleine Alltagsartikel wie Essstäbchen oder Trinkbecher. Dass sich der Bambus schon seit dem Neolithikum so großer Beliebtheit erfreut, hat viele Gründe: Er ist widerstandsfähig und flexibel zugleich, leicht zu reinigen und vor allem günstig. Bambus wächst praktisch überall (wer jemals versucht hat, im eigenen Garten Bambus auszurotten, weiß, wie schwer es ist, ihn wieder loszuwerden), und dies so schnell, dass man schier zusehen kann: Bis zu einem Meter schafft der Trieb des Riesenbambus unter idealen Bedingungen pro Tag. Keine andere Pflanze wächst so rasant! *(fh)*

13 Bangye

Zeig mir deine Wampe

榜爷 bǎngyé

Für Männer ab vierzig gilt in China ein ganz besonderer Sommerdresscode: Sobald das Thermometer auf über 30 Grad im Schatten klettert, heißt es das T-Shirt hochrollen und die blanke Wampe lüften.

Begleitet wird dieses Schauspiel gerne durch rhythmische Schläge auf den Bauch – und natürlich durch hochgeschlagene Hosenbeine. Besonders beliebt ist dieser Look in der Hauptstadt Peking, weshalb er auch als *Beijing Bikini* bekannt ist – oder, auf Chinesisch, als *bangye.* Wörtlich übersetzt bedeutet der Ausdruck »sich zur Schau stellende Opas«. Welchen Vorteil die blanke Wampe mit sich bringt, darüber sind sich selbst die Anhänger des lockeren Dresscodes nicht ganz einig: Für die einen ist es schlicht ein wenig kühler, für die anderen lohnt es sich vor allem nach dem Essen, den Bauch zu entblößen. Denn dann ist die Region um den Magen besonders gut durchblutet. Eines ist für alle jedoch unstrittig: Gute Belüftung tut not. Alle Minute fächeln sie sich deshalb mit dem hochgekrempelten Stoff Luft auf den Bauch.

Im Grunde ist die zur Schau gestellte nackte Wampe quasi das östliche Pendant zur sommerlichen Kombination aus hochgezogenen schwarzen Socken und Sandalen der Westeuropäer. Dass ironischerweise gerade all jene Chinesen, die nun wahrlich keinen Sixpack vorweisen können, den *Beijing Bikini* favorisieren, ist logisch: Fettbäuche sind bei feuchter Hitze doppelt so unangenehm wie ohnehin schon. Dies übrigens auch für die Betrachter, finden zumindest die staatlichen Sittenwächter. Denn dieses rustikale Bild passt so gar nicht zum Image, das sich das moderne China geben will. Diverse Kampagnen, zuletzt zur Olympiade 2008, sollten den chinesischen Männern die richtigen Manieren beibringen. Bisher vergebens: Spätestens Anfang Juli klappen die *bangye* das T-Shirt nach oben. *(fh)*

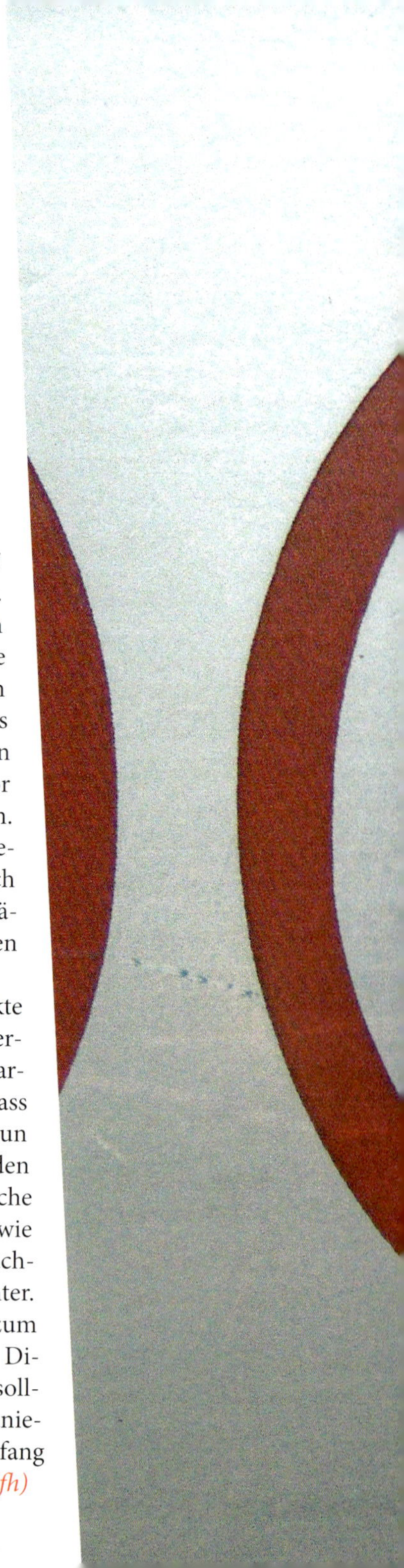

14

Bauchspeck

Eine Nation legt zu

大肚子 dàdùzi

Chinesen sind dünn, so will es das Vorurteil. Die gemüsereiche Ernährung ist schuld daran, sagen die einen, die fettarme Kost, meinen die anderen. Oder ist es vielleicht doch eine Frage der Genetik?

Auf alten Fotos aus den 1980ern oder früher muss man lange suchen, um einen pummeligen Chinesen zu finden. Zwar sorgte die Politik der »eisernen Reisschüssel« meist dafür, dass jeder genug zu essen bekam – sieht man von der katastrophalen Kampagne des »Großen Sprungs nach vorn« ab, die für eine gigantische Hungersnot sorgte –, von Völlerei konnte jedoch keine Rede sein. Fleisch blieb für die meisten Menschen eine Seltenheit, genauso wie Süßigkeiten und Snacks. Öl, Zucker und andere »gehaltvolle« Lebensmittel waren rationiert und wurden nur gegen Bezugsschein ausgegeben, was im Ausland die Mär von der kalorienarmen Ernährung der Chinesen begründete. Kein Wunder, dass gutes (und fettes!) Essen ein Zeichen sozialen Status war. Dummerweise hat sich dies bis heute nicht geändert, wohl aber die Ernährungslage. Fleisch, Fast Food, Limonaden und Süßigkeiten sind für die städtischen Bewohner längst erschwinglich geworden, und anstatt per Fahrrad zur Arbeit zu fahren, steigt die wohlhabende Mittelschicht heute ins Auto – auch für kurze Strecken.

Wie sehr sich die Lage in den letzten vierzig Jahren geändert hat, lässt sich im wörtliche Sinne abwiegen: War Übergewicht Ende der 1980er noch fast unbekannt, waren schon im Jahr 2002 rund ein Viertel aller Chinesen zu dick. Heute sind mehr als ein Drittel aller Chinesen über 20 übergewichtig oder fettleibig, die Diabetesrate ist fast so hoch wie in den USA – und die Zahl der Dicken steigt! Nach Schätzungen der Weltgesundheitsorganisation dürften 2015 rund 55 % der Chinesen dazugehören, allen staatlichen Kampagnen gegen Fettleibigkeit zum Trotz.

Angesichts dieser Zahlen bleibt allerdings rätselhaft, wieso die meisten chinesischen Boutiquen keine Damenkleidung jenseits der Größe 38 führen. *(fh)*

15 Bier

»Ganbei!« – Trockne die Tasse!

啤酒 píjiǔ

Eigentlich ist Tee ja das Nationalgetränk der Chinesen. Wer schon einmal das Vergnügen hatte, mit chinesischen Freunden oder Geschäftspartnern essen zu gehen, wird den Tee allerdings nur als kaum berührtes Backup-Getränk wahrgenommen haben.

Zum chinesischen Essen wird zugeprostet und angestoßen. Mit hochprozentigem Schnaps – und mit Bier. Mit einem Konsum von über 42 Milliarden Litern ist China seit über einem Jahrzehnt das Land mit dem höchsten Bierkonsum weltweit. In den letzten zehn Jahren stieg der Verbrauch in China um 70 % – Wachstumsraten, von denen die deutschen Brauereien nur träumen können. Dabei musste Anfang des 20. Jahrhunderts das erste in der damaligen deutschen Kolonie Qingdao gebraute Bier noch kostenlos in der Mittagspause an chinesische Fabrikarbeiter verteilt werden, damit es überhaupt Abnehmer fand.

Inzwischen ist Bier aus dem chinesischen Alltag kaum mehr wegzudenken. Allein das berühmte Qingdao wird in mehr als einem Dutzend Variationen verkauft. Es gibt alkoholfreies Bier, Eisbier, Weizen, Ananasbier und in jeder größeren Stadt lokale Mikrobrauereien. Da Bier in der Regel ex und in rauen Mengen getrunken wird, hat der chinesische Staat in den letzten Jahren darauf geachtet, dass das ausgeschenkte Bier nicht zu stark gerät. Biersorten mit weniger als 3 % Alkohol bei knapp 7 % Stammwürze sind die Regel. Getrunken wird meist aus kleinen Wassergläsern. Das schont die Leber und macht das Extrinken erträglich. Ein chinesischer Umtrunk endet so auch eher mit einem Wasserbauch als mit einem Brummschädel. *(vh)*

TSINGTAO
青島啤酒
北京2008年奥运会赞助商
TSINGTAO
青島啤酒
2008年奥运会赞助商
TSINGTAO
青島啤酒
TSINGTAO
青島啤酒
TSINGTAO
青島啤酒

16 Chai

Alles muss weg

拆 chāi

Bauschutt, Steinhaufen und blanke Erde, so weit das Auge reicht – stand hier vor einem Monat nicht noch ein altes Wohnviertel? In China wird in einer Geschwindigkeit abgerissen und neu gebaut, dass man jeden Stadtplan nach einem Jahr getrost wegschmeißen kann.

Gründe dafür gibt es genug: Große Teile der Bausubstanz in den Städten sind stark renovierungsbedürftig. Also weg damit! Anstelle eines schnuckeligen Altstadthäuschens wird gleich ein Wolkenkratzer oder wenigstens eine große Wohnanlage geplant, so lässt sich ein Vielfaches an Bewohnern unterbringen und auch noch ordentlich Geld verdienen. Wohnraum ist in den großen Städten in der Tat oft knapp. Außerdem sind moderne Bauten einfach repräsentativer, finden viele Chinesen. Da wundert es kaum, dass sich alte Wohnviertel praktisch über Nacht in Einkaufszentren, Luxusresidenzen oder Geschäftsviertel verwandeln.

Dass es dabei immer gleich so schnell gehen muss, hat allerdings nicht nur mit Effizienz zu tun. Nicht immer sind die Einwohner mit den Bauvorhaben einverstanden: Oft versickern die Entschädigungen für die ehemaligen Anwohner, liegen die neuen Wohnungen weit außerhalb der Stadt oder die angestammten Einwohner möchten schlicht ihre Heimat nicht verlassen. Bevor sich der Widerstand organisieren kann, drängen die Entwicklungsfirmen daher auf einen schnellen Vollzug: Ist die alte Bausubstanz erst abgerissen, resignieren auch die ehemaligen Bewohner.

Welche Häuser und Stadtviertel Abrisskandidaten sind, lässt sich leicht am *Chai*-Zeichen 拆 erkennen. Vor allem in Shanghai begegnet man ihm auf Schritt und Tritt ... *(fh)*

17 Chinglish
Bei der Übersetzung gekentert

Wer würde gerne ein Gericht bestellen, das »die Sohle der Socke ist knusprig« heißt? »Evergreen in Sauce« lässt dann auch eher an einen Hit von Roland Kaiser denken als an eine Mangoldkaltspeise. Willkommen im Sprachlabor China!

Chinglish, das ist der oft missglückte Versuch, Chinesisch ins Englische zu übersetzen, in einer Situation, in der meist kaum einer der Anwesenden Englisch kann. Ob im Restaurant, beim Straßenbauamt oder auf der lokalen Behörde, es findet sich garantiert ein Angestellter, der irgendwann mal ein wenig Englisch gelernt hat oder auch nur Verwandte in den USA hat. Der so gefundene Experte klemmt sich dann hinter ein Lexikon, übersetzt Wort für Wort und fertig ist *»Mixt bacteria with vegetable when«*, wo doch eigentlich »Mischpilze der Saison« gemeint war. Auf die Idee, einen Muttersprachler zu fragen, kommt natürlich keiner und so ist das Reich der Mitte gepflastert mit kleinen und größeren englischen Sprachblüten. Sehr zur Freude westlicher Besucher, die zwischen Schmunzeln und lautem Lachen im *»Modern Toilet Restaurant«* rätseln, welches Gericht wohl mit *»Pickles the old altar«* gemeint ist. Eine wunderbare Übersicht der schönsten Chinglish-Blüten gibt es auf der Seite www.chinglish.de.

Sehr witzig finden die Chinesen das Ganze nicht, haben aber ihrerseits bei so manchem chinesischem Tattoo kräftig was zu lachen. Vom »Goldschwein« über die »Hure« bis zur »Nudel« schmückt da so manches chinesische Schriftzeichen, das wohl auch nur ein Irrtum sein kann, den westlichen Körper. Eine schöne Auswahl gibt es unter http://german.china.org.cn/photos/txt/2012-08/22/content_26305259.htm sowie unter http://hanzismatter.blogspot.de. *(vh)*

坠落
NDROPDO
扎脚
SPLINTER

杂菌扒时蔬 ¥28.00/例
Mixed bacteria with vegetarian when
味型：蚝油

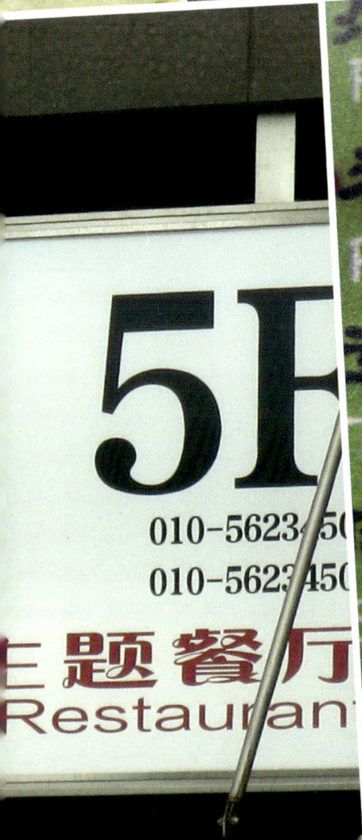
主题餐厅
Restaurant

Fry the spring roll
袜底酥
Retreat and think
退思饼
The sole of a sock
同里麻饼（枣
Sesame seed cake
同里什锦糕
Assorted cake of

13 Cixi

Die Witwe als Sündenbock

慈禧 Cíxǐ

Mörderin, Narzisstin, Ausgeburt der Hässlichkeit – an der Kaiserwitwe Cixi wird in China und im Westen selten ein gutes Haar gelassen.

Neueren Forschungen zufolge ging den Chinesen (und so manchem westlichen Historiker) bei der Beurteilung Cixis ein wenig die Fantasie durch. Der Aufstieg Cixis von der unbedeutenden Nebenfrau zur einflussreichen Kaiserinwitwe wird in der Regel mit einer Reihe von Morden, mit Intrigen und moralischer Verwerfung in Verbindung gebracht. Vor allem die 1910 erschienene Biografie von Edmund Backhouse, in der die Kaiserinwitwe als niederträchtige und degenerierte Persönlichkeit geschildert wird, und der Roman *Das Mädchen Orchidee* von Pearl S. Buck haben den schlechten Ruf Cixis begründet. Spätestens der Blick in den Zhenfei-Brunnen der Verbotenen Stadt, in dem Cixi der Legende nach die Lieblingskonkubine des Guanxi-Kaisers einsperren und schließlich ertränken ließ, scheint zu bestätigen: Diese Frau war durch und durch verdorben!

Diese Einschätzung wurde von chinesischen Historikern gerne übernommen. Dass Cixi letztendlich nur ein Rädchen im ziemlich morschen Getriebe des chinesischen Kaiserreichs war, eine Frau, die durch die Geburt des einzigen Thronfolgers in der Hierarchie nach oben gespült wurde und diese Position mit aller Macht verteidigte, würde eine unbequeme Wahrheit ans Licht bringen: Nicht Cixi, sondern die gesellschaftlichen Zustände waren ursächlich für die Degeneration Chinas verantwortlich.

Denn letztendlich ist Cixi vor allem eines: ein bequemer Sündenbock, der von den wirklichen Fehlern ablenken soll. Ihr modernes Pendant fand sie in Jiang Qing, der Witwe Mao Zedongs. Während dem großen Steuermann bis heute (zumindest offiziell!) keine Schuld an der Kulturrevolution zugewiesen wird, steht Jiang Qing als die Hauptschuldige da. *(vh)*

19 Copywatch

(Fast) echte Markenware

冒牌货 màopáihuò

Mein absolutes Lieblingsstück in der Sammlung chinesischer Skurrilitäten ist die Lolex-Uhr für umgerechnet 2 Euro. Ob sie als Fälschung durchgeht, könnte man durchaus diskutieren: Eigentlich stimmt nichts an der Uhr, die schon preislich ahnen lässt, dass es sich dabei wohl nicht um ein Original handelt.

Allerdings ist es nicht immer so einfach, Plagiate vom Original zu unterscheiden. Die gibt es nämlich auch in China. In den hochpreisigen Outlets der diversen Marken zum Beispiel. Oder auf dem Markt, vom Lastwagen gefallen. Allein die Tatsache, dass dort Handtaschen, die normalerweise weit über 200 Euro kosten, für umgerechnet 20 Euro zu haben sind, sollte allerdings stutzig machen. Im Übrigen kann man getrost darauf vertrauen, dass Hermès und Louis Vuitton ihre Taschen nicht über mobile Händler und Ramschmärkte wie den Pekinger Hongqiao-Markt vertreiben. Bis in die 1990er waren nachgemachte Markenwaren übrigens völlig problemlos zu haben – sogar in den staatlichen Buchläden wurden raubkopierte Fachbücher vertrieben. Von Unrechtsbewusstsein war damals nichts zu spüren. Seither hat sich einiges geändert: 1990 verabschiedete die Volksrepublik China das erste Urheberrechtsgesetz, das 2001 noch einmal verschärft und auf internationalen Standard gebracht wurde. Viel zu befürchten hat der ausländische Besucher dennoch nicht. Zumindest nicht bei der Ausreise. Der deutsche Zoll zeigt sich da schon weitaus interessierter. Übersteigt die Plagiatsmenge den persönlichen Bedarf, kann es schmerzhaft teuer werden. *(fh)*

BINHAO

20 Dao
Unbeschreiblich chinesisch
道 dào

**»Das Dao, das man sagen kann,
ist nicht das ewige Dao.
Der Name, den man benennen kann,
ist nicht der ewige Name.
Der Anfang von Himmel und Erde ist namenlos.
Es ist das Namhafte, die Mutter aller Dinge.«**

Diesem ersten Absatz des *Daodejing*, der »Urschrift des Daoismus«, ist eigentlich nichts mehr hinzuzufügen. Falls Sie diese Zeilen nicht wirklich verstanden haben, dann geht es Ihnen wie den meisten Menschen. Denn wie gesagt: Das Dao, das man aussprechen kann, ist ja gar nicht das Dao ...

Gemeint ist das Urprinzip des Daoismus, die Urkraft, die in allem wirkt, das Urprinzip, das in allen Dingen und Wesen zu finden ist. Wörtlich übersetzt bedeutet Dao übrigens schlicht »Weg«.

Aus diesem Dao entstehen die beiden Urkräfte Yin und Yang. Hier wird der Daoismus schon konkreter: Yin steht für alles Weibliche, Passive, Dunkle und Kühle, während Yang das männliche, aktive, helle und warme Prinzip ist. Beide können nur zusammen existieren und bedingen sich gegenseitig. Aus ihrem Zusammenspiel entspringt alles im Kosmos, und in allem ist dieser Gegensatz angelegt. Auch die Lebensenergie Qi entspringt aus diesem Spannungsfeld.

Um den wahren Charakter der Welt zu erkennen, muss man weder weit reisen noch das Haus verlassen: Das Dao wohnt ja in allen Dingen. Mit dem Dao in Einklang zu leben, ist das höchste Bestreben. Dies geschieht vor allem, in dem man ... nichts tut! Die daoistische Maxime »*wu wei*« lässt sich am ehesten mit »nicht einmischen, nichts erzwingen« übersetzen. Gemeint ist damit, vereinfacht gesagt, dass der Mensch im Einklang mit der Natur handeln soll, anstatt immer alles zu erzwingen. Für viele Chinesen ist dieser Gedanke – auch wenn das im modernen China nicht immer ersichtlich ist – noch immer die Grundlage ihrer Weltanschauung. *(fh)*

21 Diaolou
Wolkenkratzer im Reisfeld
开平碉楼 kāipíng diāolóu

Wie schützt man sein hart verdientes Geld gegen Überfälle? Was tun, wenn überall kriminelle Banden herumlungern und die Polizei nichts taugt? Die Bewohner von Kaiping fanden zu Beginn des 19. Jahrhunderts eine eigenwillige Lösung.

Abertausende Chinesen waren Ende des 19. Jahrhunderts aus dem armen Süden in die Ferne gezogen, um beim nordamerikanischen Eisenbahnbau, in den Gummipflanzungen von Sabah und Sarawak, den Zinnminen Malaysias oder anderen fernen Regionen zu arbeiten. Freilich ohne ihre Familien. Besonders rund um Kaiping in der Region Jiangmen südwestlich von Guangzhou waren ganze Dörfer von den Überweisungen der emigrierten Männer abhängig. Und lebten nicht schlecht davon. Kein Wunder, dass sich auch marodierende Banden für die Dörfer interessierten. Hilfe von staatlicher Seite war nicht zu erwarten: Auf dem Lande regierten die Warlords – lokale Herrscher, die sich willkürlich bereicherten und die Bevölkerung auspressten. Wenn nichts mehr zu holen schien, ließen sie ihre Soldaten plündern.

Um ihren hart erarbeiteten Wohlstand zu verteidigen, kamen die Bewohner von Kaiping auf die findige Idee, Schutztürme zu errichten. Bis zu acht Stockwerke zählten sie, mit gewaltigen Mauern und Schießscharten. In den unteren Stockwerken verzichtete man oft auf Fenster oder schützte die Öffnungen mit faustdicken Metallklappen. Einschusslöcher an den vom Monsun zerfressenen Fundamenten zeugen heute noch von der Notwendigkeit solcher Vorkehrungen. Je weiter oben am Gebäude, desto verspielter wurden die Verzierungen, die schon auf den ersten Blick verrieten, in welch weit entferntem Exil der Erbauer sein Geld verdient hatte. So tragen die meisten Diaolou-Türme westliche Barockelemente, die den dem Kitsch oft zugetanen chinesischen Erbauern im Westen besonders gut gefallen hatten. Rund 1.800 von ihnen gibt es noch – ein Meer von Türmen, die aus den grünen Reisfeldern ragen. Lange blieben sie unbeachtet, bis sie 2007 schließlich zum UNESCO-Weltkulturerbe erklärt wurden. *(fh)*

22 Diaoyu

Jeder Meter zählt

钓鱼岛 Diàoyú Dǎo

Misstrauisch beäugt der chinesische Konsulatsangestellte meinen japanischen Aufkleber auf dem Auto – übrigens eine ganz unpolitische Solidaritätsbekundung mit den Opfern des Tsunamis 2011. Dann ernte auch ich einen abfälligen Blick. Japan? Geht gar nicht. Und derzeit erst recht nicht, denn der Disput um eine kleine Inselgruppe im Pazifik lässt sogar sonst eher friedliche Chinesen nach Mord und Totschlag rufen.

Wie empfindlich die chinesisch-japanischen Beziehungen noch immer sind, zeigte sich 2011, als der Streit um die umkämpften Diaoyu-Inseln wieder aufflammte. Die insgesamt gerade mal fünf Quadratkilometer großen und unbewohnten Inseln wären kaum der Rede wert, lägen sie nicht mitten zwischen China, Taiwan und Japan. Das Land, das die Inseln zu seinem Staatsgebiet zählt, erweitert damit nicht nur sein Seeterritorium erheblich, sondern auch die Fischgründe und die Hoheit über Handelsrouten. Vor allem aber hat dieser Staat Zugang zu einem riesigen Ölfeld, auch wenn dieses nur schwer auszubeuten ist. Etwa 16 Billionen Liter Erdöl vermutet man hier, was rund einem Zehntel der weltweiten Ölreserven entspricht.

Seit Ende des 18. Jahrhunderts wird die Inselgruppe von Japan verwaltet, befindet sich jedoch in Privatbesitz. Dann beschließt der japanische Staat, die Inseln zu kaufen. Die Empörung der Chinesen über diese Pläne schlägt blitzschnell in Aggressivität um. Überall in China werden japanische Geschäfte verwüstet, japanische Unternehmen wie Nissan und Panasonic schließen die Niederlassungen und schicken ihre Mitarbeiter nach Hause. Demonstrationen mit Parolen wie »Die Diaoyu sind unser, auch wenn wir alle Japaner töten müssen« sind an der Tagesordnung. Sogar Schulhefte mit der Aufschrift »Diaoyu gehört zu China« gehen zu Hauf über den Tresen. Pikanterweise sind darauf nicht nur die Inseln abgebildet, sondern auch Langstreckenraketen oder lustige kleine Comicsoldaten.

Auf den meisten internationalen Karten sind die Inseln übrigens mit ihrem japanischen Namen Senkaku eingezeichnet. Dies in einer chinesischen Diskussion zu erwähnen, ist jedoch eine sichere Konversationsbremse – versprochen! *(fh)*

鱼岛
钓鱼岛是中国的
Diaoyu islands is China’s

23 Dickbauch-Buddha

Freundlicher Glücksbringer

布袋师 bùdài shī

Eine der beliebtesten Figuren des chinesischen Buddhismus ist der »Meister mit dem Stoffsack« Budai Shi. Diese Inkarnation des Milefo-Buddhas (des Buddhas der Zukunft, auch als Maitreya bekannt) findet man in fast allen buddhistischen Tempeln.

Er geht auf den Mönch Qi Ci zurück, der im 10. Jahrhundert mit einem Stoffsack als Bettelmönch durch die Lande zog. Was auf westliche Besucher ein wenig zügellos wirkt, gilt im chinesischen Umfeld als besonders positiv: Sein dicker, runder Bauch zeigt, dass er nicht nur rundum zufrieden ist, sondern auch Weisheit im Übermaß be-

sitzt. Auch die langen, dicken Ohrläppchen weisen ihn als guten Lehrer aus. Man muss kein Religionsexperte sein, um zu erkennen, dass der chinesische Buddha eigentlich ein ganz Netter ist: Dickbäuchig und gut gelaunt lacht er die Besucher an. Zu Lebzeiten soll Qi Ci ein liebevoller Mensch gewesen sein, der ein großes Herz für Kinder besaß. Oft wird er deshalb auch mit sechs kleinen Kindern abgebildet, die gleichzeitig die sechs Sinne – auch das Denken gilt im Buddhismus als »Sinn« – darstellen. Dass die Budai-Figuren um den Nabel oft ein wenig speckig glänzen, hat einen einfachen Grund: Es bringt Glück, ihm den Bauch zu reiben. *(fh)*

24 Ding-Dong-Frauen

Wenn das Fräulein dreimal klingelt

小姐 xiǎojiě

Langsam kommt das Klingeln näher. Am anderen Ende des Hotelflurs hat es angefangen und schwingt als Kaskade von Zimmer zu Zimmer. Jetzt klingelt es beim Nachbarn. Dann bin ich dran. »Hallo, willst du ein Mädel?«

Eigentlich ist Prostitution in China verboten. Folglich muss sie sich hinter allerlei Dienstleistungen wie »Haareschneiden«, »Massage« und »Sauna« verstecken. Da kann es schon einmal passieren, dass beim Friseur keine(r) Haare schneiden kann, die Masseuse im drallen Minikleid anrückt und die Sauna mit Rotlicht und einem breiten Himmelbett ausgestattet ist. Ungünstig für den Saunaenthusiasten mit Verspannungen.

Da geht es am Telefon schon weniger ambivalent zu. *Quantao anmo,* Komplettmassage, wird da ohne Umschweife angeboten und auf Nachfrage auch gleich konkretisiert. Blasen, Ficken und bei Bedarf auch die ganze Nacht. Der Wunsch nach Nachtruhe wird hingegen selten erfüllt. Kaum ist die erste Dame abgewimmelt, beginnt das Spiel von vorne. Die Kaskade rollt von Zimmer zu Zimmer, und dann hat man die nächste flötende Madame an der Strippe. Und das nicht nur in billigen, zwielichtigen Absteigen. Vom einfachen Motel bis zum Fünf-Sterne-Hotel klingelt nachtein, morgenaus das Telefon. Für die Hotels ein einträgliches Nebengeschäft, für Ruhe suchende Gäste ein Ärgernis. Die ersten Hotels führten Mitte der 2000er-Jahre einen Ausschalter für das Telefon ein. Dann gab es ein paar Razzien, in Chongqing wurde 2008 ein Fünf-Sterne-Hotel geschlossen, wegen horizontaler Dienste. Seitdem ist es ruhiger geworden auf dem Nachttisch. Zuweilen steht noch ein eindeutiges Plastikschild neben dem Bett, auf dem sich eine leicht bekleidete Dame neben einer Mobilfunknummer räkelt. Anrufen muss der interessierte Gast dann aber selbst.

Meinen letzten Anruf zur nächtlichen Stunde bekam ich Anfang 2012. Nachdem ich laut mein Desinteresse bekundet hatte, erklärte mir die Rezeptionsdame, die Nachbarn hätten sich beschwert: Mein Fernseher wäre zu laut. *(vh)*

期待您的来电
TEL：150 8869 4
嘎纳国际娱乐城
明珠国际休闲娱乐会所
24小时上门服务
特别推荐，学生妹
商务热线：15
联系人：袁
金色铭人娱乐会所
商务热线：18258419500
推荐
白领
学生妹
模特
俊男
提供正规发票
特别推荐：学生妹
24小时上门服务

25 Disney meets China

Alte Städte, so neu!

迪斯尼化 Dísīníhuà

»Kennst Du *Falsches Spiel mit Roger Rabbit?*«, fragt mein indischer Freund Amitava. »China, das ist Toon Town!«

Da war doch letztes Jahr noch keine Altstadt, denke ich mir. Ich stehe auf dem zentralen Platz in Lijiang und bestaune eine schnieke Häuserzeile im chinesischen Stil, die von der eigentlichen Altstadt eine Schneise durch den modernen Teil der Stadt zieht. Nebenan arbeiten sich Bagger schon an einem anderen modernen Gebäude ab. Hier entsteht die neue Altstadt, klärt mich ein Passant auf. Dass das Ganze ein wenig nach Disneyland aussieht, stört in Lijiang keinen.

Ein paar Blöcke weiter weist der neu erbaute Palast des Mu-Clans eine mehr als 100-jährige Geschichte aus. Nach chinesischem Verständnis kein Widerspruch! Was zählt, ist der Ort, nicht das Gebäude. Wenn im Jahre 1248 ein Tempel an einer bestimmten Stelle gebaut wurde, dann ist dieser Tempel fast 800 Jahre alt, selbst wenn das Gebäude gerade erst errichtet wurde. Was die UNESCO zuweilen zur Verzweiflung treibt, ist gang und gäbe im Reich der Mitte. Besonders schön wird es, wenn der chinesische Reiseführer gerade etwas von alten massiven Holzstämmen erzählt, die mit Klebreismörtel verputzt als Pfeiler das Dach eines alten Tempels stützen. Und an eben diesem Pfeiler abplatzender moderner Putz eine Betonunterlage freigibt. Beton hält nun einmal besser!

Wer sich darüber aufregt, dem sei ein Ausflug nach Rothenburg ob der Tauber empfohlen. Die Stadt gefällt chinesischen Touristen so gut, dass der eine oder andere sogar einen Stein für die neu erbaute Stadtmauer gespendet hat. *(vh)*

26 Disziplin

Nur wer spurt, kommt vorwärts

纪律 jìlü

Disziplin in China? Schon im Angesicht des Straßenverkehrs auf dem Weg vom Flughafen zum Hotel verliert der Besucher den Glauben an jegliches Regelwerk in China. Doch das Reich der Mitte kann auch anders ...

So anarchisch sich China in vielerlei Hinsicht gibt, so restriktiv ist das Schülerleben im Reich der Mitte: Vom morgendlichen Fahnenappell über den stundenlangen Frontalunterricht bis zur spätabendlichen Nachhilfe ist der Tag fest durchgeplant und vollgestopft mit einem Lernpensum, das ausländische Schüler sprachlos macht. Für Freizeit oder gar pubertäre Rebellion bleibt da nur wenig Platz. Vordergründig scheint dieser Ansatz durchaus erfolgreich zu sein: Als die Stadt Shanghai im Jahr 2009 erstmals am Pisa-Test teilnahm, landeten ihre Schüler weltweit auf dem ersten Platz. Hinter dem guten Ergebnis steckt allerdings ein enormer Aufwand – und viel Auswendiglernerei getreu der konfuzianischen Tradition »Lernen bedeutet rezitieren und kopieren«. So lange, bis man das Niveau des »Meisters« erreicht hat.

Am Ende dieser langen schulischen Durststrecke von zwölf Jahren steht die Universitätsaufnahmeprüfung *gaokao*. Ihr Ergebnis entscheidet nicht nur darüber, ob der Prüfling generell zugelassen ist, sondern auch, an welche Hochschule es ihn verschlagen wird und welche Fächer ihm offenstehen – ja manchmal sogar, wie gut seine oder ihre Chancen auf dem Heiratsmarkt stehen. Wer es auf eine der Elitehochschulen wie die Beijing-Universität oder die Qinghua-Universität schafft, braucht sich keine Sorgen um die berufliche Zukunft mehr zu machen. Kein Wunder, dass selbst sanftmütige Eltern zu Furien werden, wenn die Kinder das nötige Schulengagement oder die richtige Disziplin vermissen lassen. Ausländische Familien beschweren sich immer wieder, dass ihre Kinder keine Spielkameraden finden – was schlicht daran liegt, dass chinesische Kinder mit dem Eintritt in die Grundschule keine Zeit mehr für solchen unnützen Kram haben. *(fh)*

27

Drachen

Ungeheuer nett!

龙 lóng

Dreimal war der Pfeiler der Autobahnbrücke in Shanghai beim Bau eingestürzt. Dann fragte die Baufirma einen Feng-Shui-Experten, der feststellte, dass der Pfeiler direkt im Auge eines Drachen stand. Man baute statt eines Pfeilers eine Drachensäule, die Brücke hielt. Der Feng-Shui-Experte allerdings war ein halbes Jahr später tot. Er hatte das Geheimnis des Drachen verraten!

Generell sind chinesische Drachen aber nicht per se böse. Im Gegenteil: Ihnen wohnt etwas Göttliches inne und sie werden bis heute im ganzen Land verehrt und als Schutzwesen angebetet. Auf Tempeln und Palästen findet man die neun Söhne des Drachen als Schutz vor bösen Geistern und den Wasserdrachen als Blitzableiter. Der Drache ist zudem das Symbol des Kaisers und der Macht. Während der kaiserliche Drache fünf Krallen hatte, schmückten hohe Beamte gerne ihre Häuser und Gärten mit Drachen, die drei oder vier Klauen besaßen. Ähnlichkeiten mit westlichen Drachen gibt es durchaus, wobei die chinesische Darstellung eher eine Mischung verschiedenster Tiere (und deren Eigenschaften) ist. Der Drachenkörper gleicht einer riesigen Schlange, die Schuppen sind die eines Karpfens, der Kopf ähnelt dem des Wasserbüffels und bei den Klauen stand der Adler Pate. Auf dem Kopf thront zudem ein Hirschgeweih. Imposante Gesellen folglich, die bei guter Laune zu halten sind. Denn auch die guten Drachen sollte man nicht ärgern. Da baut man lieber ein Hochhaus mit Loch wie in Hongkong, um dem lokalen Drachen die Einflugschneise nicht zu versperren. Oder muss, wie anfangs geschildert, genau aufpassen, wo man seine Autobahnen hinbaut! *(vh)*

28 Ernai

Rückkehr der Konkubinen

二奶 èrnǎi

Was macht der chinesische Geschäftsmann von Welt, wenn er schon teure Uhren, dicke Autos und eine protzige Villa besitzt? Er sucht sich ein neues Statussymbol – zum Beispiel eine Konkubine.

Nebenfrauen haben in China eine lange Tradition: Über viele Jahrhunderte hinweg war es völlig normal, dass sich reiche Männer nicht mit einer Ehefrau begnügten, zumal die »Hauptehe« meist nach strategischen Aspekten angebahnt wurde. Für Leidenschaft und Eros gab es ja immer noch die Nebenfrauen, auch Konkubinen genannt. Mit der Gründung der Volksrepublik 1949 war der dekadente Spaß erst einmal vorbei: Fortan galt die Einehe. Rechtlich hat sich daran nichts geändert, de facto sind die Konkubinen jedoch längst zurück. Wer sich eine Zweitfrau zulegt, zeigt nicht nur, dass er es sich leisten kann – schließlich ist es nicht gerade billig, einer Zweitfrau den erforderlichen Luxus zu bieten –, er demonstriert auch, dass es um seine Manneskraft gut bestellt ist. Anders als zu kaiserlichen Zeiten tun die meisten chinesischen Männer jedoch gut daran, die Nebenfrau nicht im eigenen Wohnhaus unterzubringen, sondern in einem schicken Apartment in der Stadt – oder in regelrechten Zweitfrauendörfern, wie es sie mittlerweile in der Nähe der großen Flughäfen und der Grenze zu Hongkong gibt.

Die heutigen rechtmäßigen Ehefrauen sind erwartungsgemäß meist nicht gerade erfreut über die Konkurrenz. Detekteien, die sich auf untreue Ehemänner spezialisiert haben, boomen im Reich der Mitte. Für die Nebenfrauen, die natürlich rechtlich nicht abgesichert sind, ist das Konkubinat eine zweischneidige Sache: Um die 3.000 Euro Taschengeld ist der derzeit gängige Kurs für eine Konkubine in Peking, die Wohnung nicht mitgerechnet – deutlich besser als ein Job als Verkäuferin oder Büroangestellte. Es gibt durchaus Konkubinen, die dieses Startkapital für eine eigene Karriere nutzen. Andere rutschen jedoch vollends in die Prostitution ab. *(fh)*

TIFFANY & Co.
Information
民族路 | Min zu Road
民族路 | Min zu Road
重庆时代广场

29 Fahrräder

Die Renaissance der 9 Millionen Bicycles

自行车 zìxíngchē

»There are 9 million bicycles in Beijing – that's a fact ...«
(Katie Melua)

Nein, neun Millionen Fahrräder sind es nicht in Chinas Hauptstadt. Aber immerhin 20 % der Hauptstädter fahren mit dem Rad zur Arbeit, Tendenz steigend. Wer bis zu drei Stunden am Tag mit dem Auto im Stau steht, schaut sich dann doch nach Alternativen um.

Dabei sah es bis vor wenigen Jahren danach aus, als ob das selbst ernannte »Königreich der Radfahrer« Abschied vom Zweirad nehmen würde. Nicht selten nahm mich auf meinen vielen Radtouren durch das Reich der Mitte ein Chinese zur Seite und wies mich darauf hin, dass es doch jetzt auf dieser Strecke eine tolle Busverbindung gäbe. Worum sollte auch jemand über Land mit dem Fahrrad fahren, außer er kann sich nichts anderes leisten? Wer Geld hatte, kaufte sich ein Auto; das Fahrrad galt als rückständig und Zeichen von Armut.

Das war Mitte der 1990er. Mit dem neuen Millennium entdeckten die Chinesen auch das Fahrrad wieder. Als stauresistent und vor allen Dingen: als Sportgerät. Heute radeln Tausende Studenten und rüstige Rentner quer durchs Land. Beliebtestes Ziel: Tibet. Und ein Blick in die Radläden zeigt, dass auch Chinesen inzwischen gewillt sind, das Vielfache eines Monatseinkommens für ein Fahrrad auszugeben. Radfahren liegt wieder im Trend in China. Die nicht ganz so sportlichen Radfahrer sind derweil auf das E-Bike umgestiegen. *(vh)*

30 Feng-Shui

Hauptsache, die Energie fließt

风水 fēngshuǐ

Falls Sie zu den Leuten gehören, die noch immer glauben, Hongkongs Rückkehr nach China hätte etwas mit Verhandlungen und Verträgen zu tun gehabt: falsch! Schuld daran ist in Wirklichkeit die Bank of China, die mit ihrem Neubau im Dreiecksdesign ab 1985 ihre »Dolche« aussandte und damit das Feng-Shui des britischen Government Houses zerstörte.

In Hongkong und auf dem chinesischen Festland wirkt diese etwas ungewöhnliche Geschichte keineswegs seltsam, denn Feng-Shui, die »Lehre von Wind und Wasser«, spielt in China eine große Rolle, egal ob es um Häuser, Straßen, Gräber, Gärten oder sogar die Wohnungseinrichtung geht. Sinn und Zweck dieser fernöstlichen Geomantik ist es, den Energiefluss der Natur nicht zu stören oder ihn gar für den Menschen positiv zu nutzen. Westliche Investoren halten Feng-Shui gerne mal für eine Sitte, die nur für Einheimische gilt – und erleben ihr blaues Wunder, wenn sich kein Kunde oder Geschäftspartner in ihre Niederlassung verirren will, weil das Feng-Shui nicht stimmt. Bei der Planung muss also ein Feng-Shui-Profi her. Meist ist es ein Wahrsager, und ganz sicher nicht irgendeiner – gute Geomantiker sind in China Monate im Voraus ausgebucht! Mithilfe des Feng-Shui-Kompasses *bagua* berechnen sie beispielsweise die richtige Platzierung des Gebäudes im Verhältnis zu den Himmelsrichtungen und den umliegenden Bergen, bestimmen die Position der Eingangstür und lenken mit Mauern, Spiegeln, Blumen und anderen Accessoires die Qi-Ströme so, dass die guten Einflüsse erhalten bleiben, während schlechte Energien abgewehrt werden. Selbst in kleinen Details hat sich Geomantik in den Alltag eingeschlichen: Klodeckel und Waschbeckenabflüsse sollten beispielsweise immer geschlossen sein – anderenfalls fließt mit dem Wasser das Geld ab. Und wer sein Bett unter ein Fenster stellt, muss sich nicht wundern, wenn er sich nach einiger Zeit völlig schlapp fühlt, denn über das Fenster entweicht nachts die Energie. Wie ernst es den Chinesen mit dem Feng-Shui ist, beweist das berühmte »Loch-Haus« am Hongkonger Repulse Bay: Hier wurde in bester Baulage ein achtstöckiges großes Loch mitten in einem Apartmentkomplex freigelassen, um dem Drachen von Kowloon weiterhin den Weg zum Wasser zu ermöglichen. *(fh)*

白露
處暑
立秋
大暑
小暑
夏至
芒種
小滿
立夏
穀雨
清明

31 Fitnessgeräte

Omas Spielplatz

健身 jiànshēn

Frau Li strampelt. Sofern es nicht regnet und es die Temperaturen zulassen, legt die 75-jährige Seniorin jeden Morgen einige Kilometer per Fahrrad zurück. Quasi. Zwei Meter weiter übt ihre Nachbarin Frau Liu an einer Art Crosstrainer. Seit gut zehn Jahren sorgen die kritzegrünen Fitnessgeräte in der Nachbargasse dafür, dass auch Rentner keine Ausrede mehr haben, nicht doch noch gelegentlich einige Minuten zu trainieren.

»Zu wenig Bewegung, zu viel Gewicht«, befand die chinesische Regierung Ende der 1990er und ließ im Rahmen eines landesweiten Sportprogramms Tausende von Fitnesszentren mit bis zu 40 verschiedenen Maschinen errichten. Im Grünen, wohlgemerkt, hier und da aber auch an recht absurd anmutenden Orten wie großen Kreuzungen oder belebten Plätzen. Hauptzielgruppe dieser Erwachsenen-Spielplätze: ältere Menschen, die weder die Mittel haben, eines der schicken neuen Fitnessstudios zu nutzen, noch den Anreiz dazu. Das Konzept scheint zu fruchten: Erstaunlich oft sind die Geräte in Benutzung, wenn auch häufig nur, um dort gemütlich die Zeitung zu lesen. Wenn man ohnehin schon mit den anderen Senioren im Park sitzt, warum nicht gleich auch eine Runde auf dem Ergometer drehen? *(fh)*

32 Fototermin

Das Motiv bin ich!

拍照片 pāi zhàopiān

Das ist Herr Wang! Und da hinten, ganz klein, kann man die Verbotene Stadt erkennen.

Ausländer sind komisch! Geduldig warten sie, bis alle Menschen aus dem Bild verschwunden sind. Werden zuweilen sogar ungehalten, wenn sich ein Chinese vor der Sehenswürdigkeit in Pose stellt. Wer will schon den Himmelstempel ohne die eigene Familie, die Chinesische Mauer ohne die eigene Nase aufnehmen? Für die Chinesen ist klar: Die kurze und bis vor wenigen Jahren auch äußerst seltene Urlaubsreise muss dokumentiert werden. Weniger für sich selbst als für die Daheimgebliebenen. Guck mal, da stehe ich vor der Shanghaier Skyline! Da esse ich in diesem berühmten Maultaschenrestaurant, von dem alle sprechen! Und hier habe ich ausländische Freunde kennengelernt!

Darüber kann man sich jetzt als Westler wunderbar lustig machen. Um dann einige Minuten später in privaten Blogs, auf Facebook und Twitter Tausende von sogenannten Selfies zu entdecken. Ausgestreckte Arme, eigenes Konterfei und im Hintergrund ein wichtiger Ort oder eine wichtige Person.

Dann wird schnell klar: Die Chinesen waren auch hier mal wieder Trendsetter. Nach Kompass, Papier, Buchdruck und Schießpulver haben sie auch das Selbstporträt erfunden. Klick! *(vh)*

33 Fu

Das Glück hängt an der Tür

福 fú

»Hängt das Zeichen nicht falsch herum?«, ist ein von Chinesen immer wieder gern kolportierter Fauxpas ausländischer Gäste. Denn das Schriftzeichen 福 *(fú)* steht aus gutem Grund auf dem Kopf.

Als wäre es nicht schon schwer genug, die chinesischen Schriftzeichen zu erlernen! Dann verschleifen die Kalligrafen aus künstlerischer Inspiration die Zeichen auch noch so, dass man gar nichts mehr erkennen kann. Oder treiben allerlei Schabernack mit der Schrift, zum Beispiel mit unautorisierten Kurzzeichen, also Abkürzungen von Zeichen, die in keinem Wörterbuch oder Lehrplan stehen, oder einer Mischung von Zeichen, lateinischer Schrift und arabischen Zahlen. 卡拉 Ok für Karaoke ist so ein Beispiel, oder 跳5 für 跳舞 (Tanzen), gleich ausgesprochen, nur dass der Uneingeweihte die erste Version eher als »die hüpfende 5« übersetzen würde.

Auf dem Kopf stehend werden chinesische Schriftzeichen in der Regel aber nicht geschrieben, außer der Kalligraf frönt dem Schnaps ein wenig zu intensiv. Eine absolute Ausnahme ist das Schriftzeichen 福 *(fú)*. *Fú* bedeutet »Glück«, und beim umgedrehten Schriftzeichen *fú* ruft so mancher Gast »*Fú dǎole!*« 福倒了！ : »Das Glück hängt schief herum!«. Oder eben, ähnlich ausgesprochen: »Das Glück ist angekommen!« 福到了！ Und wer würde sich darüber nicht freuen! *(vh)*

中国建设银行
China Construction Bank

34

Ganz in Weiß

Christ sein für einen Tag

白 婚礼 bái hūnlǐ

Moment mal: Sind die meisten Chinesen nicht Buddhisten, Daoisten, Konfuzianer ...? Woher kommen dann die vielen Bräute in Weiß?

Sofern es nicht gerade regnet, herrscht an der Pekinger Wangfujing-Kirche Hochbetrieb. Gleich drei Bräute posieren vor dem Haupteingang, im Schlepptau eine ganze Entourage von Kosmetikerinnen, Fotografen, Lampen- und Spiegelhaltern. Mit einem plötzlichen Boom des Christentums hat das rege Treiben an der Kirche allerdings wenig zu tun. Heiraten in Weiß ist romantisch, ein bisschen exotisch und sieht auch richtig gut aus. Ein religiöses Bekenntnis steckt nicht dahinter – und auch keine christliche Hochzeit in der Kirche. Die nämlich dient schlicht als hübscher, westlich angehauchter Fotohintergrund. Ohnehin ist die Braut in Weiß nur eines von gefühlt Tausenden von Motiven: Auch als kaiserliche Braut, im Kostüm der 1920er, im Ballkleid und als Märchenprinzessin wird sie an diesem Tag abgelichtet. All dies natürlich an mannigfaltigen Orten, die allesamt viel Atmosphäre versprechen – oder zumindest das, was in China als (fast) authentisch-atmosphärisch gilt. Kein Wunder, dass Hochzeitsfotos nicht am Tag der Hochzeit gemacht werden, sondern einige Wochen im Voraus – wer hätte am großen Tag selbst schon Zeit für stundenlanges Posieren? Hochzeitsfotos sind eine ernste Angelegenheit: In jeder chinesischen Stadt gibt es ganze Straßenzüge voller professioneller Hochzeitsfotostudios mit einem schier unerschöpflichen Fundus an Kostümen. Diese lassen auch Jahre später oft noch Rückschlüsse auf das Hochzeitsjahr zu. So war es bis in die 1970er selbstverständlich, sich im Bauern- oder Arbeiterdress ablichten zu lassen. Alle andere wäre zu bourgeois gewesen. Das weiße Brautkleid kam erst mit der Öffnungspolitik auf – ein bisschen bürgerlich war nun doch okay. Mittlerweile kann man sogar auf den Malediven chinesischen Bräuten in Weiß begegnen – so einen schönen Hintergrund nicht zu nutzen, wenn man schon mal da ist, wäre einfach zu schade. Für die eigentliche Feier wechselt die Braut übrigens meist wieder in ein Glück verheißendes rotes Kostüm – sicher ist sicher! *(fh)*

35 Garküchen

Mehr als Fast Food

小吃店 xiǎochīdiàn

»Das Schönste in Tokio ist McDonald's. Das Schönste in Stockholm ist McDonald's. Das Schönste in Florenz ist McDonald's. Peking und Moskau haben noch nichts Schönes.« (Andy Warhol)

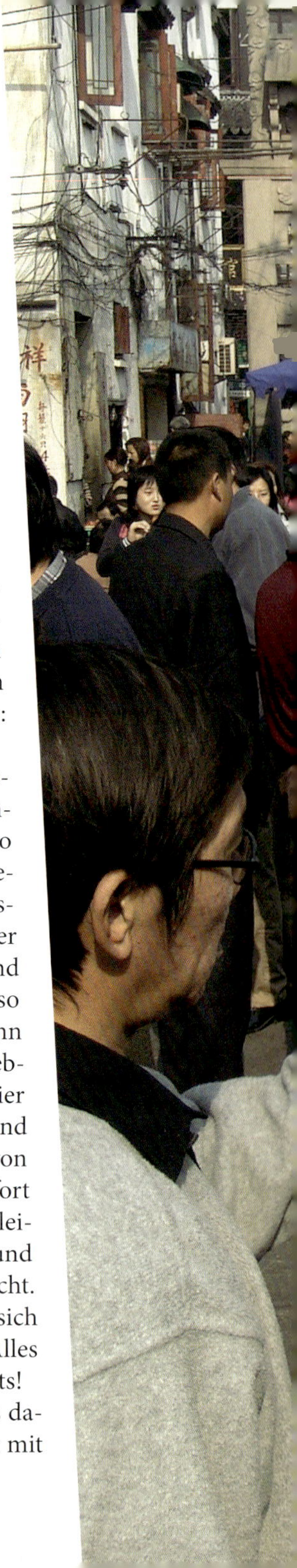

Geht es nach Warhol, dann hat sich Peking in den Jahren seit dem obigen Zitat deutlich verschönert. Mehr als hundert McDonald's-Filialen gibt es in Chinas Hauptstadt inzwischen. Geht man jedoch aufs Land oder selbst in Millionenstädte wie Lanzhou oder Xining im Nordwesten Chinas, so wird man vergeblich nach Big Mac und Ronny McDonald suchen. Der Erfolg der Fast-Food-Kette im Osten des Landes hat viel mit der dort gerne adaptierten westlichen Lebensweise zu tun. Doch eigentlich hat das Land, wenn es darum geht, schnell und vor allem günstig und gut zu essen, etwas viel Besseres zu bieten: Garküchen.

Nudelsuppen, Maultaschen, Fleischspieße oder Fladenbrot. Reichhaltige Suppen in Tontöpfen. Sogar Pekingenten. All das kann man im Restaurant, oft aber auch genauso gut in der Garküche essen. Eigentlich alles, was die chinesische Küche hergibt. Sicherlich: Zum offiziellen Geschäftsessen wird man in China nie in eine Garküche gehen. Hier muss man dem Gast schon ein wenig Luxus, Service und Design bieten. Ist das Eis jedoch erst einmal gebrochen, so führen chinesische Freunde den ausländischen Gast dann doch dahin, wo es am besten schmeckt. Eben in die Lieblingsgarküche. Oder besser noch auf den Nachtmarkt. Hier kann man sich an einer Garküche oder an einem Grillstand niederlassen und nach Herzenslust die leckersten Dinge von all den verschiedenen Ständen zusammentragen. Komfort darf man natürlich nicht erwarten. Meist sitzt man auf kleinen Metallhockern vor leidlich sauberen Holztischen und isst von Tellern, die man besser noch einmal feucht abwischt. Duftschwaden wehen vom Grill herüber und gerne lässt sich der Koch oder die Köchin über die Schultern schauen. Alles wird frisch zubereitet, aus der Konserve kommt hier nichts!

Ob jemand in einer Garküche isst, hat übrigens nichts damit zu tun, ob er arm oder reich ist. Sondern einfach nur mit Geschmack! *(vh)*

上海老街
7:00-19:00
统一绿茶
亲近自然
BRIGHT ICE CREAM
光明
桂林

Geburtenplanung

Vom leisen Verschwinden der Einkindfamilie

计划生育 jihuà shēngyù

Chinesen dürfen nur ein Kind haben. Oder? In Anbetracht der drohenden Überalterung der chinesischen Bevölkerung gibt es mittlerweile so viele Ausnahmen von dieser Regel, dass ihr nicht einmal mehr ein Drittel aller Chinesen unterworfen sind.

Die Rechnung ist im Grunde ganz einfach: Um die Zahl der Menschen stabil zu halten, ist statistisch eine Geburtenrate von 2,1 Kindern nötig. In China liegt sie jedoch bei 1,6. Die Folgen sind schwerwiegend: Immer weniger junge Menschen müssen in Zukunft die Renten (sofern sie Anrecht auf eine staatliche Altersversorgung haben) oder die Lebenshaltungskosten der Älteren übernehmen. Bis zum Jahr 2050 sollen sogar rund ein Drittel aller Chinesen im Rentenalter sein.

Noch vor vierzig Jahren stellte sich das Problem genau anders herum: Innerhalb von nicht einmal 30 Jahren war die Bevölkerung bis 1975 von 550 Millionen auf 900 Millionen angewachsen. Ende 1979 wurde daher eine strenge Geburtenpolitik verabschiedet. Fortan war pro Familie nur noch ein Kind erlaubt. Lediglich die Angehörigen der 55 Minoritäten – also Nicht-Han-Völker, rund 10 % der Bevölkerung Chinas – waren von der Geburtenpolitik ausgenommen. Weil gerade auf dem Lande männlicher Nachwuchs zur Altersversorgung jedoch unersetzbar blieb, lockerte die Regierung bereits 1984 die Bestimmungen: War das erste Kind ein Mädchen, durften ländliche Familien nach vier Jahren noch ein weiteres Kind bekommen. Seit 2013 dürfen Paare, von denen ein Partner ein Einzelkind ist, künftig zwei Kinder haben. Doch nicht einmal diese Veränderungen garantieren, dass die Geburtenzahlen wieder steigen werden: Längst verzichten viele städtische Familien, wie fast überall auf der Welt, freiwillig auf ein zweites Kind: zu teuer, zu anstrengend, zu schwierig mit dem Beruf unter einen Hut zu bekommen … *(fh)*

SUNING

37 Gegensätze

Gesellschaftliche Belastungsprobe

矛盾 máodùn

In der sozialistischen Propaganda der 1950er und 1960er ging es oft darum, die Gegensätze innerhalb der Gesellschaft auszumerzen. Ironischerweise waren damals fast alle Menschen gleich arm. Heute spricht man in China nur noch wenig darüber. Dabei gäbe es mittlerweile eine ganze Menge Ungleichheiten, um die man sich dringend kümmern müsste.

»Lasst einige Regionen und einige Menschen zuerst reich werden«, forderte Deng Xiaoping im Jahr 1985 und stieß damit die endgültige Abkehr von der wirtschaftlichen Gleichmacherei an. China hat sich daran gehalten. Mit dem zweiten Teil des Zitats allerdings gibt es schon mehr Schwierigkeiten: »... und die anderen werden folgen.« Davon ist China heute weit entfernt. In kaum einem Land der Welt wächst der Unterschied zwischen Arm und Reich so schnell wie in China. Der steigenden Zahl der Superreichen steht ein Heer von Bauern gegenüber, die bis heute von der Hand in den Mund leben. Sichtbar wird dies am sogenannten Gini-Koeffizienten, der die Einkommensverteilung misst. Je höher er ist, desto ungleicher ist das Einkommen verteilt. Oder anders gesagt: Ein Gini-Koeffizient von 0 bedeutet eine totale Gleichverteilung, während bei einer 1 eine einzige Person alles besäße. Nachdem sich China viele Jahre geweigert hatte, den Gini-Koeffizienten zu messen, meldete das chinesische Finanzministerium Anfang 2013 den spektakulär hohen Wert von 0,474 (zum Vergleich: In Korea beträgt er 0,32, in Deutschland liegt er bei 0,29). Doch selbst diese hohe Zahl wird von vielen Wirtschaftlern angezweifelt und als viel zu milde erachtet. Nichtstaatliche Schätzungen gehen von rund 0,6 aus.

Sicher ist: Die Regierung wird sich diesem Problem intensiv widmen müssen. Und dies ist nicht nur auf den Einzelnen bezogen. Auch die regionalen Gegensätze innerhalb Chinas sind enorm. Der Grund: Jede Provinz wirtschaftet für sich selbst. Wo arme Menschen leben, sind auch die Steuereinnahmen entsprechend gering – und damit auch die Ausgaben für Bildung, Gesundheit und Infrastruktur. *(fh)*

LANC
-ADVAN
GÉNIF
YOUTH ACT
CONCENT

38 Geister

Gäste aus dem Jenseits

鬼神 guǐshén

Von Geburt an trägt der Mensch zwei Seelen in sich: die Hun und die Po. Nach dem Tod fliegt die Hun-Seele gen Himmel und wird dort zu einem Ahnen, während die Po-Seele mit dem Leib im Grab zurückbleibt. Normalerweise.

Stirbt der Mensch jedoch eines gewaltsamen Todes, um nur einen der problematischen Fälle zu nennen, dann können sich Hun- und Po-Seele nicht trennen und der Tote findet keine Ruhe. Auch Hun-Seelen, die bereits im Jenseits angekommen sind, dort aber darben müssen, weil sie keine Opfer von ihren Nachfahren erhalten, können sich in übellaunige Wesen verwandeln, die es den Lebenden dick heimzahlen – und zwar nicht nur der eigenen Familie! Also heißt es fleißig für Nachschub an Totengeld und anderen Opfergaben sorgen und die Ahnen im Jenseits zufriedenstellen. Stirbt ein junger, unverheirateter Mensch, werden hier und da sogar Geisterhochzeiten arrangiert und zwei Tote posthum miteinander vermählt – Einsamkeit macht schließlich unzufrieden, und wer will das schon riskieren?

So mächtig sie sind, so haben die Geister doch die eine oder andere Schwachstelle. Beispielsweise können Sie weder die Füße heben noch um die Ecke gehen. Die hübschen Zickzack-Brücken wie die des Yu-Gartens in Shanghai nutzen diesen misslichen Umstand und halten dem Besitzer so das jenseitige Pack vom Leibe. Ebenfalls wirkungsvoll sind die besonders hohen Türschwellen vieler älterer Häuser und Tempel, an denen böse Geister regelrecht stecken bleiben. Oft sorgt zudem noch eine parallel zum Eingang gezogene Geistermauer für Schutz vor Dämonen, denn auch diese können sie nicht umrunden. Genau deshalb möchte in China niemand am Ende einer Sackgasse wohnen: Dort kann man sich nur schwer vor Geistern schützen, denn mangels Umkehrmöglichkeiten gibt sich der dämonische Besuch an der Eingangstür die Klinke in die Hand. *(fh)*

Gelber Fluss

Mythos und Bedrohung zugleich

黄河 Huánghé

Eigentlich ist er der zweitlängste Fluss Chinas. Wenn er denn fließt. In trockenen Jahren versickert er auch schon mal, bevor er überhaupt das Meer erreicht. Gefährlich ist er trotzdem: Kein anderes Gewässer hat in der chinesischen Geschichte so viele Tote verursacht wie der Gelbe Fluss.

Schon ein Blick auf seine braunen Fluten lässt ahnen: Dieser Fluss ist anders – und sein Name wohlverdient. Während seines Weges rund um die Ordos-Wüste reißt der Gelbe Fluss jede Menge Löss-Schlamm mit: 37 Kilo pro Kubikmeter Wasser, um genau zu sein. Kein Fluss der Erde trägt mehr Sedimente mit sich. Solange der Schlamm dank des Gefälles zügig abtransportiert wird, bleibt dies ein unproblematisches Kuriosum. Beim Eintritt in die nordchinesische Ebene verlangsamt sich jedoch die Fließgeschwindigkeit, sodass der mitgeführte Schlamm zu Boden sinkt. Vielerorts erhöht der Gelbe Fluss auf diese Weise sein Flussbett. An vielen Stellen liegt er dann in einem selbst geschaffenen Damm bis zu zwölf Meter über dem Umland. Regnet es nun übermäßig am Ober- oder Mittellauf, reißen regelrechte Flutwellen die zerbrechlichen Seitenwände ein und verursachen verheerende Überschwemmungen. Ist der Fluss erst einmal aus dem ursprünglichen Flussbett entwichen, gibt es für ihn logischerweise keinen Weg zurück und er muss sich einen neuen Lauf in der Ebene suchen. 26 Mal ist dies in den letzten 2.000 Jahren geschehen. Aus diesem Grund spricht man in der Geschichte oft auch von der »hydraulischen Gesellschaft«: Erst durch extreme Regulierung und umfassende Dammanlagen konnte sich am Gelben Fluss eine Hochkultur entwickeln. *(fh)*

40 Geruch

Kultur auf Lunge

味 wèi

Ein ganzes Feuerwerk von Gerüchen überwältigt die Sinne in China: überall ein bisschen anders, aber immer atemberaubend stark.

China riecht. Nach Tigerbalsam und Müllsäcken im prallen Sonnenschein, nach Jasmin und Stinktofu, nach Sesamöl und heißem Fett, nach tropischer feuchter Erde, nach gebratenem Chili, nach Desinfektionsmittel und nach Hefeteigtäschchen, nach heißem Asphalt und grünem Tee, nach Rinderbrühe mit Nudeln und Knoblauch. Aus den engen Gassen der Altstadt wehen Schwaden von Räucherstäbchen, der Moder alter Gemäuer, mit ein wenig Pech gefolgt vom Staub der Abrissbirnen, während die vierspurigen Einfallsstraßen den Muff einer schlecht gelüfteten Tiefgarage mitbringen. Doch gerade wenn die Nase missmutig »Gestank!« ans Hirn melden will, fängt sie den betörenden Hauch von Ingwer und Fleischspießchen ein, von knusprigen Hähnchen, Chrysanthemen oder ... einer chinesischen Reisegruppe! Größeren Gruppen haftet immer ein leichter Mentholhauch an: Es ist der Tigerbalsam, der im Sommer bei Hitze erfrischt und im Winter vor Erkältungen schützt. Weil er im Grunde immer gegen irgendetwas gut ist und sogar die pestilenten Dämpfe einer fiesen öffentlichen Toilette in Schach hält, gibt es eigentlich keine Lebenssituation, in der man ihn nicht verwenden könnte, ja sollte!

Umgekehrt funktioniert die Geruchsfaszination übrigens auch: Unterwegs in Europa oder Neuseeland wundern sich chinesische Besucher über die schiere Geruchslosigkeit des Alltags. *(fh)*

41 Gesicht

Geben und nehmen

面子 miànzi

»Zum Zhongshan-Park? Na klar, immer geradeaus!« Oder vielleicht doch lieber links abbiegen? Oder rechts? Wer in China fünfmal nach dem Weg fragt, bekommt mitunter fünf verschiedene Antworten. Was nichts mit Bösartigkeit zu tun hat, sondern mit der Furcht, das Gesicht zu verlieren.

Eine Frage nicht beantworten zu können und dem Ausländer am Ende nicht weiterzuhelfen, ist irgendwie peinlich. Finden zumindest viele Chinesen und lassen sich zu einer frei erfundenen Auskunft hinreißen. Gesicht geht vor Ehrlichkeit. Chinesen wissen das und fragen im Zweifelsfall noch einmal an anderer Stelle nach.

Im sozialen Miteinander ist das »Gesicht« eine wichtige Größe: Wer andere lobend erwähnt, gibt ihnen Gesicht. Umgekehrt funktioniert es natürlich genauso: Andere öffentlich bloßstellen bedeutet maximalen Gesichtsverlust. Einen Schalterbeamten vor allen Wartenden zusammenzufalten, ist genauso unmöglich, wie andere vor versammelter Mannschaft auf einen Fehler hinzuweisen. Fragen zu stellen, die niemand beantworten kann, übrigens auch: Bemerkungen wie »Mein Gott, das müssten Sie doch wissen!« sind der direkte Weg ins Fettnäpfchen. Der Vorteil eines solchen Handelns ist klar: weniger soziale Reibung, weniger Erniedrigung und damit weniger Konflikte. Dummerweise gerät dabei die Suche nach Fehlerursachen oder gar nach dem persönlichen Verschulden immer ein wenig kurz: Bloß nicht zu lange darin herumrühren, sonst ist am Ende doch noch ein Gesicht fällig. *(fh)*

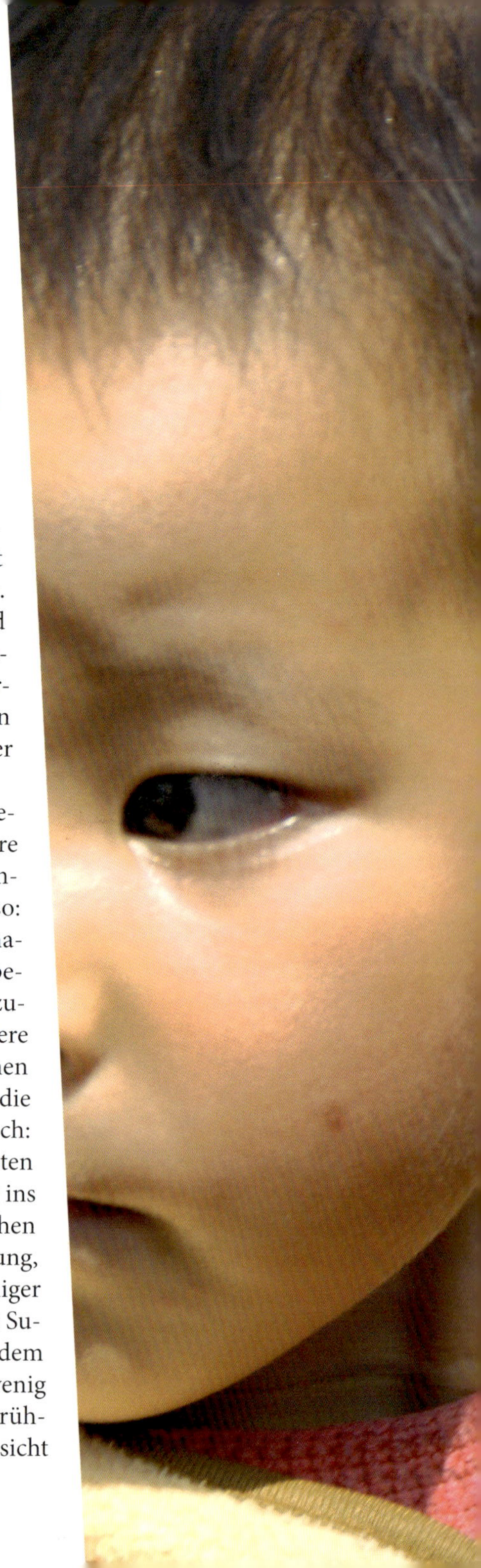

42

Glück auf!

Und danke für den Fisch!

鱼/裕 yú

Lecker schwimmt der Wels in der Chili-Essig-Sauce. Dann nimmt einer der westlichen Gäste die Hand und dreht ihn um. Die chinesischen Gäste sind entsetzt!

Daoyu, »den Fisch umdrehen«, ist eine ganz schlechte Idee! Nicht etwa, weil die Gefahr bestünde, dass das zarte Fleisch von den Gräten in die leckere Soße fällt und den Anzug dreckig spritzt. Es ist einfach ein schlechtes Omen! Mit anderen Schriftzeichen geschrieben heißt *daoyu* »den Reichtum umkehren«. Und allein der Gedanke an Armut verdirbt den Chinesen deutlich den Appetit.

Da hilft eigentlich nur noch ein prall gefüllter Koi-Teich im Garten. Wer sich schon über die Vorliebe der Chinesen für dicke Spiegelkarpfen gewundert hat, findet hier die Erklärung. Viel Fisch bedeutet viel Reichtum, als sogenanntes Homonym und ganz trivial als Koi. Ein besonders schönes Exemplar kann schon einmal eine Million Euro kosten!

So schwimmen in chinesischen Landschaftsgärten und an so manchem Restauranteingang zuweilen immense Werte herum. Sollte das nötige Kleingeld fehlen, reicht aber auch ein Plastikfisch oder ganz simpel ein entsprechendes Fischbild. Vor allem zum chinesischen Neujahr sieht man an vielen Häusern gemalte Bilder von Kleinkindern, die einen Fisch umarmen. Meist in Kombination mit anderen Symbolen wie dem Lotus (*hé* auf Chinesisch), der ein Homonym mit dem Wort für »Harmonie« bildet und zudem für Kinderreichtum steht. Kindersegen, Reichtum und Harmonie, da kann im neuen Jahr ja nichts mehr schiefgehen!

Aber Vorsicht! Nicht jeder Fisch eignet sich als Glückssymbol. Der Aal steht zum Beispiel für das männliche Geschlechtsorgan. *(vh)*

43

Glückszahlen

Vom Todesboten Vier bis zum achtfachen Glück

幸运数字 xìngyùn shùzì

Egal ob Telefonnummern, Autokennzeichen, Hausnummern oder Lebensjahre – im Umgang mit Zahlen gilt die Devise: Hab 8!

Eine Klinik mit der Rufnummer 444444 wäre in China genauso chancenlos wie ein Taxifahrer mit dem Kennzeichen 1414. Oder anders herum gesagt: Hinter dem Nummernschild 4444 verbirgt sich eigentlich immer ein Ausländer – oder ein todesmutiger Chinese mit schmalem Geldbeutel.

Die Furcht vor der Vier ergibt sich aus der Aussprache: 四 *si* für »vier« klingt wie 死 *si* für »sterben«, auch wenn die Zeichen dazu unterschiedlich geschrieben werden. Auch die anderen Zahlen kommen so zu einer Bedeutung: Die Acht (八 *ba*) klingt wie das kantonesische »reich werden« (*fa* 发 beziehungsweise *fa cai* 发财) und gehört damit zu den begehrten Zahlen, genauso wie die Neun, deren Aussprache *jiu* genauso klingt wie das Wort für »lang andauernd«. Auch die Sechs ist mit ihrer Zweitbedeutung »fließen« eine gute Zahl – schließlich ist es angenehm, wenn die Dinge »gut laufen«. Nimmt man es mit der Aussprache nicht pedantisch genau, lassen sich sogar ganze Sätze aus Zahlen bilden: 1414 klingt dann wie »*yao si yao si*« und damit wie »will sterben, will sterben«, während 5257 stark an »*wo ai wo qi*« (»Ich liebe meine Frau«) erinnert und zu Hause für gute Stimmung sorgt.

Angesichts dieser Doppeldeutigkeiten wundert es nicht, dass Autonummernschilder in China versteigert werden und gute Zahlenkombinationen horrende Summen einspielen. Vierer sind dagegen günstig zu haben und gehen nur zäh über den Tisch. Selbst das vierte Stockwerk ist suspekt, sodass viele Hotels die vierte und vierzehnte Etage einfach auslassen. Für »gute« Telefonnummern geben chinesische Unternehmen ebenfalls gigantische Summen aus – vor allem dort, wo Sicherheit und Glück eine große Rolle spielen. Die Casinos in Macau, deren Kundschaft hauptsächlich aus volksrepublikanischen Touristen besteht, werben beispielsweise durchweg mit Telefonnummern voller Achten und Neunen, sodass sich die Assoziation lang währenden Reichtums ergibt. *(fh)*

29
414

44 Glutamat

Teufelszeug oder kulinarische Raffinesse?

味精 wèijīng

Eines der beliebtesten Nudelrezepte chinesischer Straßenköche geht so: eine Handvoll Nudeln und eine Handvoll klein geschnittenes Gemüse der Saison in die heiße Pfanne werfen, würzen und einen gehäuften Teelöffel mysteriöses weißes Pulver dazugeben.

Ob das wohl Salz ist?, fragt sich der westliche Besucher am Straßenstand und lässt sich die leckeren Nudeln schmecken. Dass dasselbe Rezept zu Hause einfach nicht so recht munden will, liegt wahrscheinlich an der Atmosphäre – oder? Tut es natürlich nicht. Es ist das Glutamat, das den Unterschied macht. Während das Monosodiumglutamat beziehungsweise Natriumglutamat im Westen schon fast als Gift gilt, sehen chinesische Köche die Sache weitaus entspannter. Wenn's schmeckt ... Der Satz »Bitte kein Glutamat zufügen« zementiert für die meisten Straßenköche einfach nur das Vorurteil, dass Westler sowieso keine Ahnung von wirklich guter Küche haben. Lediglich Spitzenköche weisen die Verwendung von Glutamat weit von sich, zumindest wenn sie für westliches Publikum kochen. De facto ist Glutamat auch in vielen westlichen Speisen in hohen Dosen enthalten. In Parmesan beispielsweise kommt es natürlich vor, aber auch in Tomaten, Traubensaft, Fisch und Fleisch. Sogar in der menschlichen Muttermilch, die rund zehnmal mehr Glutamat enthält als Kuhmilch. Nahezu alle europäischen Würzmischungen würden ohne Glutamat erheblich an Geschmack einbüßen, denn es verstärkt die Eigenaromen der Speisen. Bisher gibt es auch keine wissenschaftlichen Studien, die die Schädlichkeit des Glutamats belegen.

Die richtige Vorgehensweise im Umgang mit Glutamat lautet so: Lesen Sie diesen Text dreimal hintereinander – und lassen Sie es sich dann ohne weiteres Nachdenken schmecken. So wie 1,35 Milliarden Chinesen. Das China-Restaurant-Syndrom ist in China selbst übrigens unbekannt. *(fh)*

牌
商标
ZHEJIANG FAMOUS PRODUCTS
浙江名牌
浙江名牌
江老字号
ng Time-honored Brand
味精
Weijing
含谷氨酸钠80%
净含量: 227克
国家大型企业
州快鹿集团公司出品

45

Grüner Tee

Immer dabei!

绿茶 lüchá

»Warum tragen hier so viele Menschen eine Urinprobe mit sich herum?«, fragte mich ein Freund aus Deutschland bei unserem ersten Stadtspaziergang in Peking. Der Irrtum sei ihm verziehen: Die typischen Glasflaschen, in denen man sich in China den grünen Tee aufbrüht, sehen manchmal wirklich ein wenig … nun ja, urologisch aus.

Das landesweite Rezept für stundenlangen Teegenuss lautet überall gleich: einige Löffel grünen Tees in ein tragbares Glasgefäß mit Schraubdeckel, heißes Wasser drauf und trinken, sobald die Temperatur es zulässt. Dann brüht man die Blätter noch mal auf. Und noch mal und noch mal und noch mal … Ein guter Tee verträgt problemlos mehrere Recyclinggänge. Ein nicht so guter Tee übrigens auch, denn der grüne Tee ist nicht unbedingt billig, sodass ihn viele Menschen gezwungenermaßen mehrfach nutzen. Günstige Sorten gibt es schon für 1 oder 2 Euro das Pfund, berühmte Tees gehen für mehr als 1.000 Euro über den Tresen. Die großen Preisunterschiede ergeben sich nicht aus der Herstellung, sondern aus den verschiedenen Pflanzen und Anbaugebieten. Generell werden die Knospen und die ersten zwei Blätter der Teesträucher gepflückt und dann getrocknet. Fermentiert man ihn, wird er zum schwarzen Tee, der in China als »roter Tee« *(hóng chá)* getrunken wird. Bricht man die Fermentierung bei der Hälfte des Prozesses ab, wird ein Wulong-Tee daraus. Ob Wulong nun der exquisiteste aller Tees ist oder vielleicht doch eher an eine ungelüftete Bettdecke erinnert, ist Geschmacksfrage. Wulongs der Oberklasse erzielen jedenfalls Spitzenpreise von bis zu 10.000 Euro pro Kilo!

Egal in welcher Preisklasse, eine meditative Atmosphäre braucht es zum Teegenuss nicht unbedingt: Taxifahrer haben genauso selbstverständlich ein verschraubbares Teeglas neben der Handbremse klemmen, wie Senioren beim Parkspaziergang eines eingepackt haben. In einfachen Restaurants gibt es den grünen Tee meist gratis zum Essen dazu. Den Tee mit Milch und Zucker zu trinken, finden sie meisten Chinesen übrigens ziemlich ekelig. *(fh)*

裕峰茶具
人傑
鴻運

46 Guanxi

Im Geflecht der Beziehungen

关系 guānxì

Ein Flugticket auf einer überbuchten Maschine? Neue Geschäftspartner? Oder vielleicht sogar ein neuer Job? Ohne die passenden Beziehungen, die *guanxi*, ist der Mensch nahezu handlungsunfähig.

Mit dem profanen Netzwerken internationaler Social Media hat *guanxi* eher wenig zu tun, denn *Guanxi*-Beziehungen wollen aufgebaut und gepflegt werden: Viele Runden Small Talk, freundliche Besuche und Gegenbesuche, Einladungen und Harmonie fördernde Treffen sind nötig, bis *guanxi* entsteht. Von dieser Beziehung sollten möglichst beide Seiten gleichermaßen profitieren: Wer bekommt, wird also irgendwann einmal geben müssen, und umgekehrt.

Zu Beginn basiert *guanxi* oft auf einer persönlichen Gemeinsamkeit, sei es die Herkunft aus einer Stadt oder einer Provinz, ein Abschluss derselben Universität oder ein gemeinsames Hobby. Vor allem aber sind gemeinsame Bekannte wichtig. Sie helfen bei der Kontaktanbahnung und sind gleichzeitig so etwas wie eine Absicherung: Menschen, deren Umfeld man kennt, sind eben besser einzuschätzen. Dies ist vor allem im Fall eines Konflikts wichtig: Automatisch kümmert sich das gesamte Umfeld um die streitenden Parteien und versucht, die Harmonie wiederherzustellen. Wo *guanxi* endet und die Vetternwirtschaft beginnt, ist Auslegungssache.

Die Papier gewordene Manifestation der *guanxi* ist die Visitenkarte. Ohne Visitenkarte existiert der Mensch nicht und ist es nicht wert, überhaupt wahrgenommen zu werden. Bei der Gestaltung darf man ruhig ein wenig protzen: Prägedruck, Goldfarbe und möglichst viele Titel, die nicht zwingend mit den beruflichen Aufgaben zu tun haben müssen – Hauptsache, die Karte macht optisch was her. In Sachen Orthografie ist man da schon entspannter. Englische Titel werden großzügig angepasst und Tippfehler sind kein Grund, eine ansonsten gut gelungene Visitenkarte wegzuwerfen. *(fh)*

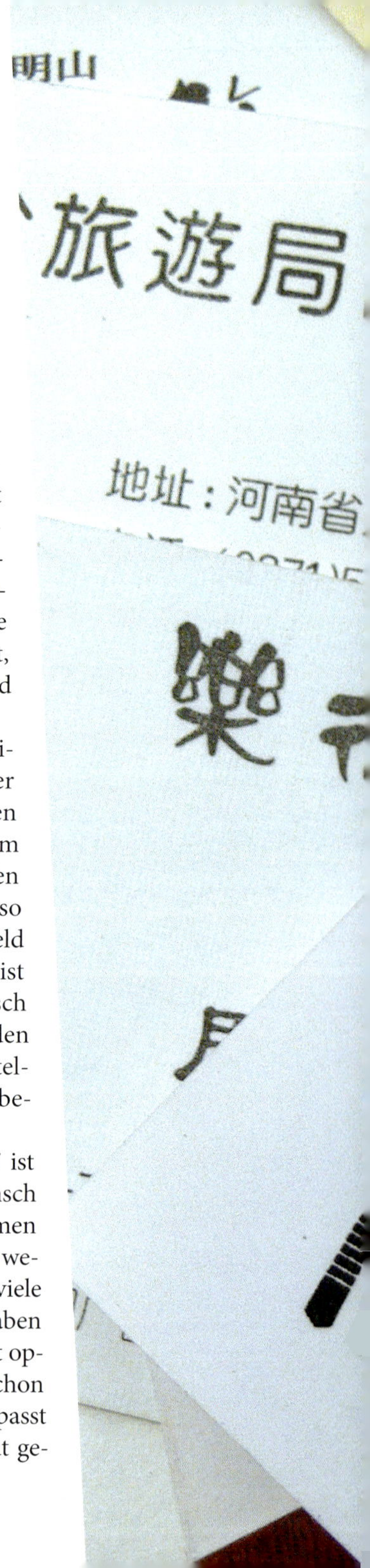

址：东台路11号
Tel: 021-63845714(FAX)
帐号(A/CNo.)1001015601212092586
Add: No.11Do
Mob: 13020286
(INDUSTRIAL AND COMMERCIAL BANK
場開發處
市政三街 1 号
带我去:
鑫创意园（靠近
三处处长
廳
筷子、红木工艺品专卖、厂
The chopsticks,back wood handicraft sells the factory dire
专业生产、批发
姜全发
Jiang Quan Fa
Mob:13391073898
电话Tel/传真Fax:
办事处地址:上海
Office addr
办事处地

Guanyin

Die Universalhelferin

观音 guānyīn

Kaum eine Göttin ist so beliebt wie die Guanyin – dabei ist sie eigentlich gar keine …

Auf den ersten Blick könnte man sie für eine Marienstatue halten. Milde und leicht verklärt blickt die Guanyin in die Welt, meist anmutig in ein weißes Gewand gekleidet. Doch der Eindruck täuscht, denn eigentlich ist sie – ein Mann! Als Bodhisattwa Avalokiteshvara kam sie ursprünglich aus Indien. Warum Guanyin zur Frau wurde, ist unklar: In der Song-Dynastie tauchte sie erstmals in ihrer weißen Robe auf. Die auf den ersten Blick eigentlich recht gewinnende Theorie, chinesische Künstler hätten sich von katholischen Madonnenfiguren inspirieren lassen, ist daher eher unwahrscheinlich, denn die ersten jesuitischen Missionare kamen erst im 16. Jahrhundert nach China.

Vielleicht waren Guanyins positive Eigenschaften einfach besser mit einer Frau vereinbar: Als Bodhisattwa ist sie bereits erleuchtet und könnte den ewigen Wiedergeburtskreislauf verlassen, verzichtet aber erst einmal darauf, um möglichst viele Menschen zu retten. Oft trägt sie in ihrer Linken eine Vase, die die Tränen aller Leidenden enthält, und wird daher auch als Göttin des Mitgefühls bezeichnet. Das sanfte Äußere freilich täuscht: Wie mächtig die Guanyin ist, zeigt sie in ihrer anderen Darstellungsform, der tausendarmigen Guanyin. Mit 1.000 Augen sieht sie alles Leid der Welt und mit 1.000 Händen hilft sie – und dies oft mit allerhand martialischen Gerätschaften wie Messern und Schwertern. So beliebt ist die Guanyin in China, dass sie längst auch vom Daoismus adoptiert wurde und dort als »Unsterbliche« ihren Dienst verrichtet. *(fh)*

40 Handy

Der Draht zur Welt

手机 shǒujī

»Eins-drei-acht-acht-acht-acht-neun-fünf-fünf-drei-fünf«, bellt die Reiseleiterin Frau Liu in den Bus. Zwei Passagiere der ersten Reihe heben die Hand. Ein schnelles Häkchen auf der Liste, dann geht es weiter. »Eins-drei-neun-fünf-eins-neun-neun-neun-acht-drei-sieben.« Diesmal ist es eine Dreiergruppe auf der linken Seite, die die Hand hebt. Fünf Minuten geht das Schauspiel, bis mir dämmert: Sie kontrolliert nicht die Namen, sondern die Handynummern.

Meine erste und einzige Reise als Mitglied einer chinesischen Reisegruppe war in vielerlei Hinsicht erhellend. Die wichtigste Erkenntnis jedoch war technischer Natur. Wer in China verreisen will, braucht ein Handy. Schon die Buchung der Tour stürzte die Frau im Reisebüro in tiefe Verwirrung: »Kein Handy? Wie soll man Sie denn dann erkennen?« Eine Frage, die mir wiederum ein wenig seltsam vorkam. Bis zum Anwesenheitscheck zu Beginn der Tour ... Namen fielen die ganze Reise über nicht, dafür rief Frau Liu nach jedem Stopp erneut die Nummern auf und fügte jedes Mal nach einem kurzen Zögern hinzu: »Und zwei Ausländer ohne Handy.« Das sei völlig normal, versicherten mir die chinesischen Mitreisenden und rieten mir, mir doch wenigstens eine Prepaid-Nummer zuzulegen. In der Tat ist für viele Chinesen ein Leben ohne Handy gar nicht mehr vorstellbar. Rund 1,2 Milliarden Mobiltelefonbesitzer gab es im Jahr 2013 in China, davon rund ein Drittel mit Smartphones. Die Telefonate rücken dabei immer mehr in den Hintergrund: Viele lesen auf dem Handy E-Books, surfen im Internet und halten Kontakt zu Freunden. Dies vor allem per SMS. Rund 900 Milliarden Textbotschaften werden in China pro Jahr verschickt. Und diese Zahl enthält nicht die zahllosen Botschaften, die über WeChat, das chinesische Pendant zu WhatsApp, versendet werden. Mindestens 300 Millionen Chinesen vertreiben sich hier die Zeit – und es sind nicht nur die Jungen. Zur Plenarsitzung des Volkskongresses im März 2014 wurde erstmals offiziell die Nutzung von Handyspielen, Unterhaltungen per WeChat und Telefonate während der Debatten verboten. *(fh)*

49 Hausaltar

Wehe, der Nachschub fehlt

祭台 jìtái, 神台 shéntái

Knallbunt und mit viel Tand und Glitter wirken Sie oft ein wenig wie Puppenhäuser. Doch die Hausaltäre sind keineswegs nur eine Spielerei.

Wer letztlich im Hausaltar wohnen darf, ist eine persönliche Frage: Neben der buddhistischen Bodhisattwa Guanyin sind auch lokale Gottheiten, der Gott des Reichtums, der Erdgott oder Tianhou (auch als Mazu bekannt) sehr beliebt.

Oft haben die kleinen Figuren eine Zeit lang im Tempel verbracht, wo sie durch die Gebete und Opfergaben der Mönche und Besucher quasi mit religiöser Kraft aufgeladen wurden. Auch die Ahnen finden im Hausaltar Platz, auf hölzernen Ahnentafeln oder handgeschriebenen Papierstreifen.

Ihnen allen werden regelmäßig Opfer gebracht: mal ein polierter Apfel, mal eine Schüssel Reis, Süßigkeiten oder Räucherstäbchen. Regeln gibt es hierfür keine, genauso wenig wie andächtige Stille. Durch den Altar sind die Ahnen Teil des Alltags, und der ist in China nun mal eher turbulent. Für Frauen bedauerlich ist, dass die Opfergaben traditionell von Männern überreicht werden müssen: Menschen ohne männliche Nachkommen müssen im Jenseits also ganz zwangsläufig darben und verwandeln sich vielleicht sogar in zürnende Dämonen, die Lebenden Unglück bringen, wo sie nur können.

Hier und da werden den Göttern und Ahnen nicht nur Gaben dargeboten, sondern auch kleine Hinweise, wie man sich bei den Lebenden revanchieren könnte. Ein Kinderschuh ist beispielsweise ein echter Wink mit dem Zaunpfahl, doch nun bitte für Nachwuchs zu sorgen.

Interessant ist, dass der Dämonen- und Ahnenglaube oft gar nicht erst in der Liste chinesischer Religionen erscheint: Erstmals in der Shang-Dynastie belegt, ist er rund 4.000 Jahre alt und damit wahrscheinlich die älteste Religion des Landes. *(fh)*

持

50 Heizung?

Eine Jacke tut's doch auch

暖气 nuǎnqì

Bitterkalt wird es im Norden Chinas, Extremtemperaturen von bis zu minus 30 Grad sind keine Seltenheit. Auch am Yangzi-Fluss, der offiziell die Scheide zwischen Nord- und Südchina darstellt, sinken die Wintertemperaturen regelmäßig unter null. Sogar im subtropischen Süden gibt es immer wieder Ausreißer, die Schnee und Eiseskälte bringen. Heizungen sucht man in China jedoch oft vergeblich.

In traditionellen Bauernhäusern sorgt der *kang* für Wärme: quasi ein großes Podest, das von unten beheizt wird. Tagsüber sitzen die Bewohner des Hauses darauf, nachts wird hier kollektiv geschlafen. In den Wohnblocks und öffentlichen Gebäuden des Nordens gibt es oft, aber nicht immer Fernwärmeheizungen, die zentralgesteuert von Mitte November bis Mitte März laufen. Individuell regeln lassen sie sich nicht: Wird es zu warm, reißen die Bewohner die Fenster auf.

Im Süden Chinas ist dagegen Frieren angesagt. Nach der Gründung der Volksrepublik wurde eine offizielle Heizgrenze geschaffen, die sich hauptsächlich an den Flüssen Yangzi und Huaihe orientiert. Während des Studiums in Nanjing konnte ich frierend vom Südufer aus den gewärmten Norden sehen – und das bei Temperaturen um den Gefrierpunkt! Jenseits der Heizungslinie heißt es also, sich selbst in der Wohnung dick anzuziehen. An besonders kalten Tagen sitzt man durchaus mit warmer Unterwäsche, dickem Pullover und einem wattierten Militärmantel auf dem Sofa, was irgendwie aussieht, als habe man sich für einen Winterspaziergang angezogen und sei dann doch nicht losgegangen. Obwohl die Kältetoleranz in China oft recht hoch ist, können sich auch viele Chinesen nicht so recht mit dem Frieren anfreunden. Südlich des Yangzi kommen daher elektrische Heizöfen zum Einsatz – oder die Klimaanlagen. Wärmend, versteht sich. Laut einem Bericht der Chinesischen Akademie für Bauwissenschaften vervielfachte sich der Stromverbrauch der südlichen Provinzen durch Heizgeräte von weniger als 100 Millionen Kilowattstunden im Jahr 1996 auf 39 Milliarden Kilowattstunden im Jahr 2010. Ein staatliches Heizsystem wie im Norden Chinas, so befürchten die Behörden, könnte jedoch noch stärker zu Buche schlagen. *(fh)*

51 High Speed Rail

Und wuuuuuuuush …

高铁 gāotiě

Fast scheint es, China wäre in den letzten zehn Jahren geschrumpft: Wo noch vor wenigen Jahren altersschwache Züge in tagelangen Reisen über die Schienen rumpelten, sausen heute Hochgeschwindigkeitszüge durch die Landschaft, die auch den Westen ziemlich alt aussehen lassen.

Kein Land der Welt hat so viele Hochgeschwindigkeitsstrecken wie China. Dies dürfte auch in den nächsten Jahren so bleiben, denn die chinesische Regierung pumpt jedes Jahr Milliarden von Euro in den Ausbau weiterer Zugstrecken. Die bisherigen Erfolge sind beachtlich: 2003 begann man mit dem Bau der ersten Hochgeschwindigkeitstrasse, heute gibt es in China bereits mehr als 10.000 Kilometer Hochgeschwindigkeitsstrecken – eine Zahl, die bei der Drucklegung dieses Buches wahrscheinlich schon wieder völlig veraltet sein wird. Reisende, die das China der 1990er kennen und sich noch an die Nahkämpfe am Schalter erinnern, an das stundenlange Schlangestehen in den frühen Morgenstunden und die holperigen Gleise, trauen oft ihren Augen nicht: Das soll China sein?

Allerdings geht es auch vielen Chinesen so: Spätestens seit dem Zugunglück von Wenzhou, bei dem zwei Züge kollidierten und 40 Menschen starben, bezweifeln viele, ob beim Bau der neuen Strecken immer alles mit rechten Dingen zuging. Sicher ist: Theoretisch ist jedes Detail bedacht. Sogar die Zugbegleiterinnen sind nach Schönheitskriterien ausgesucht, denn schöne Frauen wirken beruhigend auf aufgebrachte Passagiere – glaubt zumindest das Management der Bahngesellschaft. Faktum ist auch: Die innerchinesischen Reisezeiten haben sich in den letzten Jahren immens verkürzt. Peking und Shanghai liegen nur noch vier Stunden voneinander entfernt. Neben vielen weiteren Projekten soll 2016 schließlich auch die Strecke Shanghai–Kunming in Betrieb gehen. Die bisher zweitägige Fahrt über 2.000 Kilometer verkürzt sich dann auf acht Stunden. *(fh)*

5100

52 Die Hocke

Bequemlichkeit ist überall

蹲姿 dūnzī

Um es gleich zu sagen: Nein, ich kann es nicht. Die chinesische Hocke ist für ungelenkige Ausländer eine echte Meisterübung. Vor allem, wenn es darum geht, mit Eleganz wieder aufzustehen.

Sie tun es überall: an Bahnhöfen, Bushaltestellen, auf der Baustelle und sonst überall, wo sich eine kleine Pause ergibt. Die breitbeinige Hocke ist die chinesische Sitzposition schlechthin. Doch warum?

Einer der profanen Gründe ist: Es gibt einfach wenig öffentliche Bänke. Und selbst dort, wo es sie gibt, wie in den öffentlichen Parks, steht die Chance gut, dass sie sowieso besetzt sind. Sitzgelegenheiten für 1,35 Milliarden Menschen? Bei allen Bemühungen dürfte es schwerfallen, für alle müden Passanten ausreichend Bänke zu schaffen. Und der Boden eignet sich aus hygienischen Gründen ganz sicher nicht als Sitzplatz, man denke nur an die Angewohnheit, auf der Straße hier und da ordentlich die Nase zu säubern ... Gesundheitlich gibt es ebenfalls gute Gründe, die für die Hocke sprechen: Diese Warteposition scheint für das Knie besonders entlastend. Ein praktischer Nebeneffekt ist zudem: Wer die Hocke perfekt beherrscht, der begegnet auch den weitverbreiteten Bodentoiletten gelassen. Nicht zuletzt sieht die Hocke einfach unglaublich ... chinesisch aus. Wer an der Bushaltestelle in typischer Hockstellung bequem wartet, zeigt der Welt ganz ohne Worte: Ich bin schon ewig in China. *(fh)*

53 Huanying guanglin

Die wundersame Wandlung zum Kunden

欢迎光临 huānyíng guānglín

Sie sind jung, hübsch, treten immer paarweise auf und haben nur eine einzige Aufgabe: Jedem Kunden ein *»huanying guanglin«* (»willkommen, ehrenwerter Gast«) zuzuflöten. Der Job als Begrüßerin ist nicht wirklich karriereverdächtig, in den chinesischen Großstädten aber gang und gäbe.

Bis Mitte der 1990er war Einkaufen in China eigentlich ganz einfach. Egal, was man verlangte, die Standardantwort lautete: *»mei you«* – ham wer nich! Mit dem aktuellen Lagerbestand hatte dies nicht immer zu tun, sondern eher mit einer allgemeinen Arbeitsunlust. Engagement war in den Staatsbetrieben einfach nebensächlich und Kunden hatten den Status lästiger Insekten. Oft lag das gewünschte Objekt direkt neben der Verkäuferin. Doch um es aus der Vitrine zu holen, hätte man die kontemplative Reinigung der Zähne oder das Schwätzchen mit der Verkäuferin am Nachbarstand unterbrechen müssen. *»Mei you«* war das Symbol des Serviceverhaltens einer ganzen Generation von Angestellten und so allgegenwärtig, dass viele Reisende in dem festen Glauben nach Hause zurückkehrten, es handle sich dabei um einen ganz normalen Gruß.

Doch dann kam die wirtschaftliche Öffnung, die eine völlig neue Welt erschloss: Privatunternehmen! Innerhalb weniger Jahre erfuhr der Kunde einen kometenhaften Aufstieg: Er wurde zum *guanglin,* zum ehrenwerten Gast. Und weil Arbeitskraft in China nach wie vor billig ist, lässt man ihn in vielen Geschäften als solchen begrüßen. Persönlich, versteht sich. Falls es dazu nicht reicht, muss es wenigstens eine Lichtschranke sein, die bei jedem Kunden, der die Ladenschwelle überquert, mit einem *»huanying guanglin«* vom Band daran erinnert, dass er nun wieder etwas wert ist. *(fh)*

54 Hund

Der neue beste Freund

狗 gǒu

Die Befürchtung, im Restaurant Hund serviert zu bekommen, steht auf der Horrorliste westlicher Chinareisender ganz weit oben. Und natürlich gibt es sie wirklich, die kleinen scharfen Hundespießchen oder den nährenden Wintereintopf. Doch wie lassen sich unliebsame Entdeckungen auf dem Teller verhindern?

Wer mit solchen Ängsten nach China fährt, erlebt mit Sicherheit einige Überraschungen. Der Hund auf diesem Bild ist garantiert nicht auf dem Weg zum Schlachter, sondern wahrscheinlich unterwegs zum Hundesalon. Oder zu einem der Hundeparks, die speziell für die kleinen Lieblinge geschaffen wurden. Mit großer Wahrscheinlichkeit ist er besser ernährt als manch ein Wanderarbeiter, und auch seine Frisur war garantiert kostspieliger als ein Männerhaarschnitt. Damit er sich unterwegs nicht zu sehr verausgabt, wird er im Kinderwagen umhergeschoben. Das mag nicht wirklich als artgerechte Haltung durchgehen, liegt aber absolut im Trend. So beliebt sind Hunde mittlerweile, dass viele Großstädte mittlerweile zwar die Ein-Kind-Regel lockern, dafür aber längst eine Ein-Hund-Regel eingeführt haben – obwohl es noch bis zum Beginn des neuen Millenniums verboten war, in den Städten Hunde zu halten. Allein in Shanghai gibt es derzeit mehr als 800.000 Schoßhunde, landesweit sollen es rund 30 Millionen sein. Verlässlich sind solche Zahlen allerdings nicht: Ein Großteil der Besitzer melden ihre Hunde nicht an, um die Hundesteuer zu umgehen.

Hundefleisch gibt es derweil natürlich trotzdem, wobei die Tage des Hunderagouts jedoch gezählt sein könnten. Derzeit erwägt die Regierung aus Tierschutzgründen ein allgemeines Verbot von Hundefleisch. *(fh)*

55 Hutong

Pekings öffentliches Wohnzimmer

胡同 hútòng

»Piiijiiiiuuu, Ergoutouuuuu! Biiiier, Schnaaaaaapss!«, ruft der mobile Getränkeverkäufer durch die Gassen Pekings. Willkommen im öffentlichen Wohnzimmer der chinesischen Hauptstadt!

Noch in den frühen 1990ern konnte man Hochhäuser in Peking mit der Lupe suchen. Ein paar Prachtstraßen mit Repräsentationsbauten führten durch die Stadt, große Teile Pekings waren jedoch mit schachbrettmusterartigen engen Gassen bedeckt: den sogenannten *hutongs.* Im Zentrum, nördlich der Verbotenen Stadt, wohnten zur Kaiserzeit die einflussreichen Familien, die Mandarine und die Militärs. Diese ließen große, prachtvolle Wohnanlagen bauen, eine Abfolge von Innenhöfen, die meist reich verziert waren.

1949, nach Gründung der Volksrepublik China, war dann erst mal Schluss mit der Herrlichkeit. Ein kleines Hofhäuschen pro Familie, so lautete die Devise. Eng wurde es in den *hutongs* und so manch prachtvoller Hof ging zwischen Kochstellen, Latrinen und improvisierten Lagerschuppen unter. Und da zu Hause kaum Platz war, verlagerte sich das Leben auf die Gassen, in die kleinen Garküchen, die Badehäuser und an die nächste Straßenecke.

Bis die Höfe mit fortschreitender Modernisierung zu eng, zu alt und zu dreckig schienen. Ein *hutong* nach dem anderen fiel den Bulldozern zum Opfer. Mitte der 1990er schien es nur eine Frage der Zeit, bis das öffentliche Wohnzimmer im Herzen der Stadt nur noch eine Erinnerung sein würde.

Dann zogen immer mehr Wohlhabende in nun luxussanierte Hofanlagen. Die ersten *Hutong*-Cafés machten auf. Plötzlich war es wieder schick, in der Altstadt zu wohnen. Heute sind die meisten *hutongs* eine Mischung aus Freiluftmuseum und Ausgehmeile. Der Getränkeverkäufer zieht heute meist nur als Touristenattraktion seine Kreise. *(vh)*

56 Jüdisches Shanghai

Eine generöse Geschichte

上海犹太 Shànghǎi Yóutài

Viel ist von den engen Gassen des Shanghaier Viertels Hongkou nicht mehr übrig: An allen Ecken und Enden werden die alten Siedlungen platt gewalzt und neue, repräsentative Bauten hochgezogen. Dort, wo die alten Häuser noch stehen, erinnern sich die Senioren noch gut: Tilanqiao am Rande Hongkous war einst das Judenviertel Shanghais.

Um die 20.000 europäische, meist deutschsprachige Juden flüchteten zwischen 1933 und 1939 nach Shanghai, an den einzigen Ort der Welt, der kein Einreisevisum verlangte. Doch mit der Flucht war es nicht getan: Wovon sollten die Menschen leben? Dass die meisten von ihnen die harte Zeit bis zum Ende des Zweiten Weltkriegs überstanden, ist zu großen Teilen dem American Joint Committee und den drei großen jüdischen Familien von Shanghai zu verdanken. Im 19. Jahrhundert hatten die sephardischen Familien Sassoon, Hardoon und Kadoorie, Bombayer Juden irakischer Herkunft, mit Opiumhandel und Immobilien enorme Reichtümer angehäuft, nun flossen erhebliche Mittel in die Versorgung der Flüchtlinge. Sammelunterkünfte in Hongkou, Verpflegungsstationen, Schulen und eine Klinik wurden aus den Spenden dieser Familien finanziert. Selbst heute liest man hier und da versteckte deutsche Inschriften in den Gassen von Tilanqiao. Mit jedem Jahr wird es freilich ein wenig schwieriger, die jüdischen Spuren in Hongkou zu finden. Wer sich dennoch auf die Suche begeben will, ist auf den Touren des israelischen Journalisten Dvir Bar-Gal (www.shanghai-jews.com) richtig. *(fh)*

Dr. FRIEDMANN M.D.
GENERAL PRACTITIONER
CONSULT. HOURS 2-4
内外科醫師
Dr WALTER KURZ M.D.
HOURS: 5-6
Dr. M. MELLER M.D.
AUGENARZT
SPRECHSTUNDEN DI. MI. DO. 9-10
Dr.
E. KOLLMANN M.D.
SPECIALIST IN
SKIN DISEASES
HAUT u. HARNLEIDEN
WEN. FRI. 6-7 p.m.
MO. FR.
TU. THU. SA. 10-11 a.m.
DI. DO. SAM.
DIATHERMIE

57 Kaishui
Chinas Nationalgetränk
开水 kāishuǐ

Schnupfen? Husten? Müde und abgeschlagen? Eigentlich ist es egal, mit welchen Beschwerden man in China zum Arzt geht, denn der wichtigste Rat ist immer derselbe: viel heißes Wasser trinken!

Für Nichtchinesen ist dieser medizinische Ratschlag irgendwie unbefriedigend: einfach nur Wasser trinken? Sonst nichts? Aus Sicht eines traditionellen chinesischen Arztes ist das ein durchaus vernünftiger Rat. Geht es nach der Traditionellen Chinesischen Medizin, werden Krankheiten oft durch ein Ungleichgewicht zwischen Yin und Yang und von vielen anderen Faktoren ausgelöst. Da Wasser weder Yin noch Yang zugerechnet werden kann, wirkt es ausgleichend auf den Körper. Kein Wunder, dass die meisten Chinesen zu jeder Tages- und Nachtzeit dem warmen Wasser zusprechen. Nüchtern betrachtet hat es neben der medizinischen Seite noch allerhand andere Vorteile. Zum Beispiel, dass es sagenhaft billig ist. Und weil *kaishui* nicht einfach nur »heißes«, sondern »abgekochtes« Wasser bedeutet, ist es garantiert auch viren- und bakterienfrei.

Wo Menschen sind, gibt es in China also immer auch *kaishui:* Verbeulte Aluminiumwasserkessel hinter dem Wachhäuschen am Universitätseingang, Thermoskannen auf den Bürofluren, sogar im Zug steht selbstverständlich in jedem zweiten Waggon eine Art Samowar, der rund um die Uhr heißes Wasser spendet. Auch im Hotel gehört ein stets frisch gefüllter Thermos aufs Zimmer, wenn nicht ohnehin ein Wasserkocher vorhanden ist.

Bei chinesischen Reisegruppen löst es regelrecht Entsetzen aus, wenn sich unterwegs im Ausland partout kein *kaishui* finden lässt – nicht mal im Luxushotel! Was soll man denn dann bitte trinken? Bitzelndes Mineralwasser ganz sicher nicht, denn das verliert durch die Kohlensäure seine neutralen Eigenschaften!

Umgekehrt ist es ein sicheres Zeichen der nahenden totalen Anpassung, wenn man als Ausländer in China anfängt, nach *kaishui* zu verlangen. Dieses Stadium der Assimilierung lässt sich eigentlich nur noch dadurch steigern, dass man kranken Landsleuten das *kaishui* nahelegt. *(fh)*

58

Kakerlaken

Besucher aus der Kanalisation

蟑螂 zhāngláng

Meine erste Kakerlake in China war eher kontaktscheu: Sie huschte bei unserer Begegnung hinter den Badezimmerspiegel des Hotels und winkte mir hier und da nur mit ihren langen Fühlern zu. Wir wurden keine Freunde – und das lag nicht nur an der mangelnden Kommunikation.

Das Dumme ist: Wo eine Kakerlake ist, da sind wahrscheinlich viele. In dunklen Ecken und Ritzen warten sie darauf, dass der Mensch endlich das Licht löscht und sie ihrer Lieblingsbeschäftigung nachgehen können: dem Fressen. Mit ihrem feinen Geruchssinn orten sie jede geöffnete Cola-Dose, jeden angebrochenen Schokoriegel, jeden Krümel, den der Mensch fahrlässig liegen lässt. Wenn es sein muss, nehmen sie dazu auch lange Wege auf sich: Sie kommen aus der Kanalisation – weshalb chinesische Hotels immer den Ablauf des Waschbeckens und der Badewanne abstöpseln – oder über den Flur und manchmal aus Ecken, in denen man wirklich kein Leben vermutet hätte. Vor allem aber sind sie schnell – die kleinen Biester erreichen tatsächlich eine Geschwindigkeit von bis zu sechs Kilometern pro Stunde – und damit nur schwer mit konventionellen Mitteln wie Badeschlappe oder Fliegenklatsche zu erwischen. Dank des dicken Panzers, der auch den Kopf gut schützt, braucht es ohnehin ein wenig mehr als einen Klaps mit einer zusammengerollten Zeitung, um sie ins Jenseits zu befördern. Gelingt es hier und da doch, eine Kakerlake zu erschlagen, kann sich dies als großer Fehler erweisen: »Wenn eine Kakerlake stirbt, kommen hundert zur Beerdigung«, heißt es lapidar, aber völlig richtig, denn die resistenten Insekten schrecken auch nicht vor einem kleinen kannibalischen Snack zurück. Ganz nebenbei sei noch erwähnt: Chinesische Kakerlaken gibt es in allen Größenordnungen. »Je weiter südlich, desto größer«, lautet eine Faustregel, die dem subtropischen Süden Schaben von der Größe einer halben Zigarettenschachtel beschert. Kein Wunder, dass man längst auf die Idee gekommen ist, die Proteinbrocken als gegrillten Snack auf dem Nachtmarkt anzubieten, wenn auch mit verhaltenem Echo. Manchmal begegnet man der Kakerlake auch an ungewöhnlichen Orten: Als Zutat traditioneller Heilmittel wie der Tinktur Kangfuxin Ye gegen Geschwüre (auch oral!) und als Proteingabe für westliche Hautcremes werden Kakerlaken längst professionell gezüchtet. *(fh)*

59 Kalligrafie

Die Schrift verrät den Charakter

书法 shūfǎ

»Schlecht! Ganz schlecht! Alles noch mal schreiben!« Meine Kalligrafielehrerin war definitiv in der Kunst der Schülermotivation wenig bewandert, aber ein ehrlicher Mensch. Und sie hatte recht: Meine krakeligen Zeichen hätten jedem chinesischen Erstklässler die Schamesröte ins Gesicht getrieben.

Die Kalligrafie ist eine der ältesten Künste – und eine trugsichere Methode, Ausländer als Banausen zu outen. Von der frei schwebenden Haltung des Pinsels bis zum richtigen Schwung erfordert die Kalligrafie viel Übung – ja sogar die Herstellung der Tusche verlangt endlose Geduld, will man sie traditionell selbst auf dem Tuschestein reiben und anrühren. Aber genau darum geht es ja. Sinn und Zweck der Kalligrafie ist nicht nur die Herstellung eines gemalten Produkts, sondern auch die meditative Versenkung: Dem eigentlichen Strich geht ein langer mentaler Prozess voraus. In chinesischen Parks sieht man daher immer wieder Menschen, die mit großen Pinseln und einem Eimer Wasser Zeichen aufs Pflaster malen. Das Ergebnis, egal wie perfekt es ist, hält nur einige Minuten. Doch darauf kommt es nicht an: Der Künstler muss sich versenken, mit dem Pinsel eins werden und sich völlig dem Schreiben hingeben. Ob die Kunst nun vergänglich ist oder nicht, ist nebensächlich. Doch auch mit Kalligrafien aus Papier und Tusche tun sich Ausländer oft schwer. Manch ein vermeintlicher Klecks erweist sich als hochpreisiges Kunstwerk, während die »hübschen« (weil deutlichen) klassischen Texte auf Schriftrollen von wahren Kennern oft sofort als Massenware erkannt werden. *(fh)*

60

Karaoke

Chinesen brauchen keine Psychoanalyse

卡拉 Ok kălāOK

Es gibt Dinge, gegen die kommen auch Ohrstöpsel nicht an. Babygeschrei gehört dazu. Und definitiv Karaoke!

Das abendliche Playbacksingen zu Musikvideos erblickte in den frühen 1970er-Jahren durch Daisuke Inoue, einen japanischen Musiker, das Licht der Welt. Oder besser gesagt: das Dunkel der abendlichen Vergnügungen. Die Karaokemaschinen eroberten erst japanische Hotels, dann Büros und Haushalte und schließlich den Rest des Kontinents. Den Japanern kann folglich die Schuld in die Schuhe schieben, wer in einem beliebigen Hotel Asiens trotz Ohrstöpseln zu später Stunde eine volle Packung Kantopop auf die Trommelfelle bekommt.

Inzwischen ist das Playbacksingen mit Freunden vor allem des Chinesen liebster Zeitvertreib; Selbstdarstellung und -reinigung gleichermaßen. Die Sache ist so simpel wie genial: Auf einem Bildschirm läuft ein Video mit der Musik und dem Text des ausgesuchten Liedes. Der Gesangsfreund schmettert dann nach bestem Vermögen seine Lieblingslieder. Ist der Computer gnädig, gibt es dazu Applaus vom Band. Sind Freunde dabei, kommt der Applaus sogar live. Bei allen Darbietungen gilt: Tongenauigkeit und Musikalität kommen den Zuhörern zwar entgegen, wichtig sind aber vor allem der Ausdruck, das Auftreten, die Lautstärke und der Spaß. Enthusiastisches Klatschen ist also angebracht, so schrecklich das soeben Dargebotene auch geklungen haben mag. Schließlich liegt man ja nicht auf Freuds Couch, sondern singt mit Maos Erben, bis die Stimmbänder Knoten werfen. Nach spätestens vier Stunden und zehn gesungenen Liedern stellt sich eine wunderbare Leichtigkeit ein – und ein Anflug einer dann aber eher als angenehm empfundenen Taubheit. *(vh)*

Klimaanlage

Gänsehaut als Statussymbol

空调 kōngtiáo

Dass es in China im Winter mitunter kalt wird, ist allgemein bekannt. Doch auch im Sommer lauern eisige Temperaturen – allerdings in geschlossenen Räumen.

Es ist Sommer in Nanjing, draußen flimmert die Luft bei fast 40 Grad im Schatten. Dennoch wäre es fahrlässig, ohne Strickjacke auf einen Einkaufsbummel zu gehen. Noch bevor der Kunde überhaupt einen Blick auf die Etiketten geworfen hat, spürt er am kalten Hauch aus den offenen Eingangstüren der Boutiquen, wie es um das Preisniveau bestellt ist. Je eisiger, desto teurer, lautet eine ungefähre Faustregel: Kälte ist Luxus im heißen chinesischen Sommer, da ist es geradezu eine Frage des Prestiges, die Klimaanlage auf 18 Grad runterzudrehen. Nicht dass einer denkt, man könne es sich nicht leisten! Erlaubt ist das übrigens nicht: Seitdem der Staatsrat im Sommer 2007 eine offizielle Direktive zum Thema Klimaanlagen herausgegeben hat, dürfen Behörden und öffentliche Räume im Sommer nur noch auf 26 Grad heruntergekühlt und im Winter auf maximal 20 Grad erwärmt werden. Aus gutem Grund: Bei besonders hohen Temperaturen bricht hier und da die Stromversorgung zusammen. Auch daran sind oft die Abertausenden von Klimaanlagen schuld, denn sie machen im Sommer oft mehr als ein Drittel der gesamten verbrauchten Energie aus. Das Risiko, mit einer zu kalten Klimaanlage erwischt zu werden, ist allerdings ziemlich gering. Die Zwölf-Millionen-Stadt Peking beispielsweise leistet sich gerade mal 22 Temperaturinspekteure. Bedenkt man, dass mehr als zwei Drittel aller Klimaanlagen weltweit in China stehen, dann ahnt auch der Laie: Es wird ziemlich schwer werden, bei dieser Fülle durchzugreifen. Dass sich die Klimaanlagen so großer Beliebtheit erfreuen, hat übrigens nicht nur mit den extremen Sommertemperaturen zu tun: Praktischerweise entfeuchten die Klimaanlagen auch die extrem schwüle Luft und verhindern dadurch zum Beispiel, dass Kleidung und Schuhe in der Wohnung schimmeln. Für die Fußgänger auf der Straße bedeutet dies jedoch, dass sie ständig dem ekeligen Getröpfel der Klimaanlagen ausweichen müssen. *(fh)*

25
3A
35

02

Konfuzius

Philosophischer Evergreen

孔子 Kǒngzǐ

Dass er einst so populär werden könnte, hätte sich der Philosoph zu Lebzeiten kaum vorstellen können. Zur Zeit der »Streitenden Reiche« im fünften Jahrhundert v. Chr. verdingte er sich als Berater verschiedener lokaler Herrscher, konnte aber keinen von ihnen von seinen Ideen überzeugen.

Dabei waren seine Ideale im Grunde recht einfach: Klare Hierarchien und eindeutige Regeln für alle Menschen forderte er. Auch für die Herrscher, die als beispielhafte »Edle« voranschreiten sollten. Anhand der »fünf Kardinaltugenden« wollte er die Gesellschaft zurück in die vollkommenen Zustände einer legendären Vergangenheit führen: Pflichtbewusstsein, Rechtschaffenheit, Sittlichkeit, Aufrichtigkeit und kindliche Liebe predigte Konfuzius und bestimmte, dass der Sohn dem Vater, die Frau dem Manne, der Jüngere dem Älteren und das Volk dem Herrscher untergeordnet seien. Die Liebe zum Konfuzianismus entdeckten die chinesischen Kaiser allerdings erst lange nach dessen Tod, nämlich in der Zeit der Han-Dynastie (206 v. Chr. bis 220 n. Chr.): Nach seinen Regeln ließ es sich vorzüglich regieren, vor allem wenn man es mit dem Ideal des Herrschers ein bisschen weniger genau nahm als mit den anderen Grundsätzen. Zweitausend Jahre lang blieb der Konfuzianismus offizielle Staatsdoktrin. Obwohl er nach 1949 zeitenweise als bourgeois verpönt war, prägt sein Ideal der »harmonischen Gesellschaft«, nach dem die Gemeinschaft immer Vorrang vor dem Individuum hat, bis heute das Reich der Mitte.

Auf der Suche nach spiritueller Orientierung erlebte Konfuzius in den letzten Jahren eine echte Renaissance. Ein Gott ist Konfuzius allerdings nicht. Im kaiserlichen China dienten die Konfuziustempel dazu, die traditionellen Riten abzuhalten. Weil er aber als der Bildungsexperte schlechthin gilt, kann es auch heute nicht schaden, wenn man ihm beispielsweise vor der großen Universitätszulassungsprüfung opfert. *(fh)*

Korruption

Ein bisschen schmieren schadet nie

贪污 tānwū

Das größte Übel in der aktuellen Politik? Die Korruption natürlich, da sind sich fast alle Chinesen einig. Alle bis auf die, die einen Mordsreibach damit machen. Und das sind erstaunlich viele …

Es vergeht kein Tag, an dem nicht irgendwo in China ein Korruptionsskandal ans Licht kommt. So wurde im Oktober 2013 der Bürgermeister der Stadt Nanjing seines Amtes enthoben. Sein Vergehen: Er soll sich bei der Vergabe von Bauaufträgen schmieren lassen und damit rund zweieinhalb Millionen Euro eingestrichen haben. Auch Jiang Jiemin, der oberste Aufseher über die hundert größten chinesischen Staatsunternehmen, musste aufgrund von Korruptionsvorwürfen seinen Hut nehmen, genauso wie der stellvertretende Parteichef von Sichuan, Lu Chuncheng, und der Manager der Telefongesellschaft China Mobile, Xu Long. Der ehemalige Eisenbahnminister Liu Zhijun wurde gar im Juli 2013 für seine korrupten Praktiken zum Tode verurteilt. Und dies sind nur willkürlich ausgesuchte Beispiele – allein die Liste derer, die bisher vor Gericht gestellt wurden, würde ein ganzes Buch füllen, und eine andere Liste, nämlich derer, die weiterhin die Hand aufhalten, wäre mindestens weitere neun Bände wert.

Für die Regierung ist der Umgang mit der Korruption ein wahrer Drahtseilakt. Schaut sie weg, ist sie unglaubwürdig – nicht zuletzt weil eben viele Korruptionsskandale in den Rängen der Partei und der Regierung stattfinden. Deckt sie zu viele davon auf, ist es auch nicht besser, denn es wirft kein gutes Licht auf die Partei, dass sich in ihren Reihen so viele korrupte Politiker tummeln. So oder so ist die Korruption im Alltag fast überall anzutreffen.

Egal, ob es darum geht, doch noch ein Zugticket zu ergattern, eine Genehmigung zu beantragen oder einfach die Ausstellung eines Reisepasses zu beschleunigen – ein Geldschein oder eine Stange Zigaretten beschleunigen so manchen bürokratischen Vorgang. Treiben es die Staatsdiener zu bunt, kann man sie natürlich auch anzeigen. Sogar anonym, wie beispielsweise auf der staatlichen Website www.12388.gov.cn. Über den Nutzen solcher Aktionen machen sich die meisten Chinesen allerdings wenig Illusionen. *(fh)*

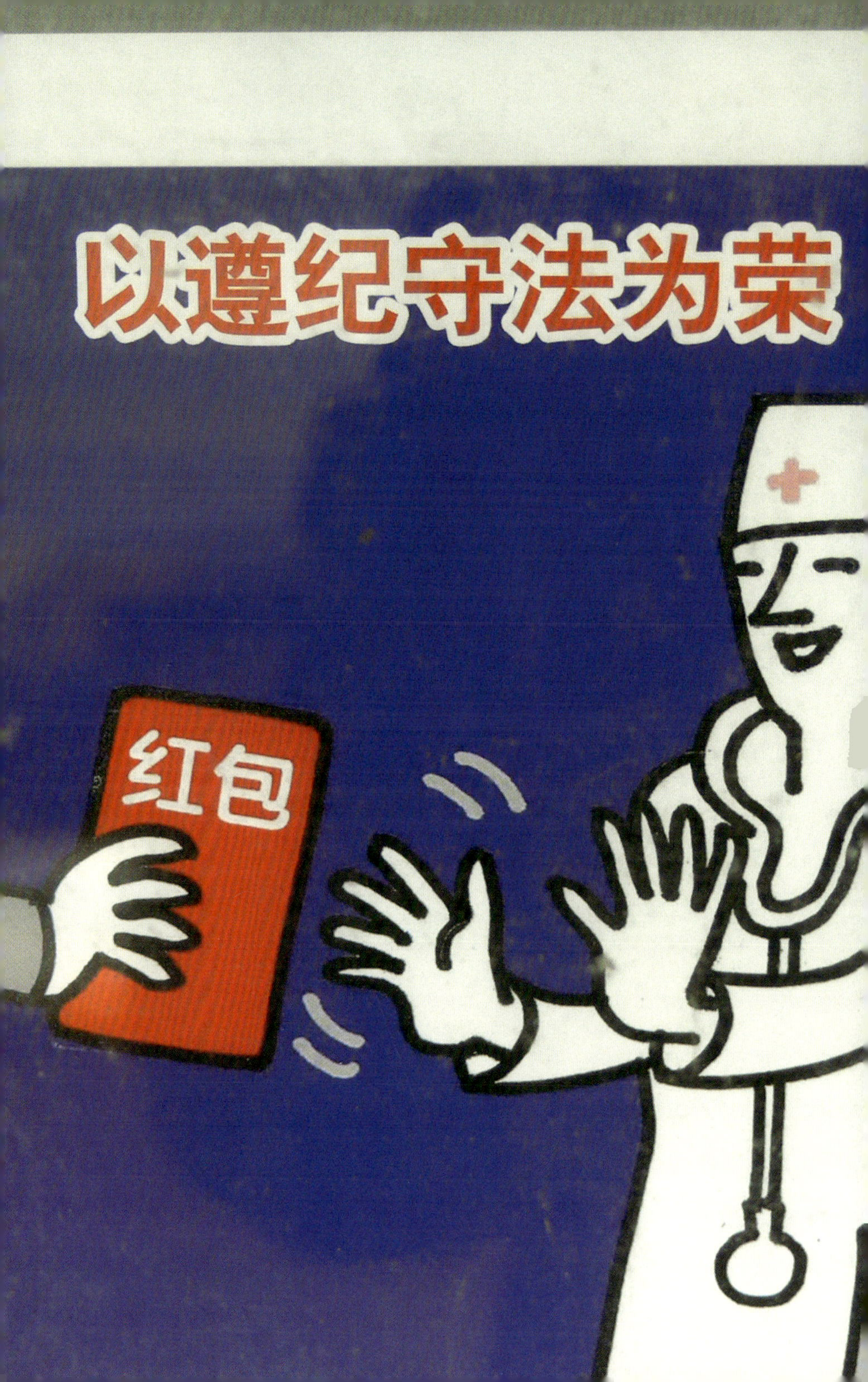
以遵纪守法为荣
红包

64 Kulturrevolution

Die Leiche im Keller

文化大革命 Wénhuà Dà Gémìng

Zehn Jahre Chaos, Millionen Tote und eine ganze Generation von Bildungsverlierern: Die Kulturrevolution war eine schwarze Ära des modernen China. Doch bis heute wird kaum darüber gesprochen.

Nach der verheerenden Kampagne des »Großen Sprungs nach vorn« und den dadurch verursachten verheerenden Hungersnöten hatte Mao Zedong erheblich an Macht verloren. Stattdessen schien nun die Stunde der Pragmatiker um Deng Xiaoping zu schlagen. Doch Maos Rache hatte es in sich: »Werdet Rote Garden, kämpft gegen die reaktionären und bourgeoisen Elemente«, rief er die Jugend des Landes auf. Schnell entwickelte sich daraus eine hemmungslose Hetzjagd gegen jeden und alles. Die Schulen und Universitäten wurden geschlossen und überall im Land »konterrevolutionäre Elemente«, wie mit diesen Tonfiguren dargestellt, öffentlich gedemütigt und manchmal auch gleich erschlagen. Schon der Besitz einer westlichen Schallplatte oder ein bloßes Gerücht reichten aus, um zum Konterrevolutionär zu werden. Und es ist kein Zufall, dass es auch hohe Politiker traf, die mit Maos Kurs nicht einverstanden waren. Die »Große proletarische Kulturrevolution«, wie Mao sie nannte, stieß das Land ins Chaos. Von 1966 bis 1969 herrschte de facto Bürgerkrieg in China, ein großer Teil der historischen Denkmäler wurde zerstört. Erst als auch Mao die Macht über die jugendlichen Banden zu verlieren drohte, schickte er die Armee aus, die Lage zu beruhigen. Viele der Roten Garden wurden aufs Land geschickt, wo sie unter erbärmlichen Bedingungen von den Bauern lernen sollten. Ein wirkliches Ende fand die Kulturrevolution erst mit dem Tode Maos 1976. Eine historische oder gar gerichtliche Aufarbeitung fehlt bis heute, obwohl viele der Reformpolitiker wie Deng Xiaoping zu den Verfolgten der Kulturrevolution zählten: Viel zu heikel ist die Rolle des »großen Steuermanns« Mao in diesem dunklen Kapitel. *(fh)*

臭佬九
打倒反动
学术权威！
于 XX

65

Langer Fluss

Symbol und Strommaschine

长江 Chángjiāng

»Es war hier am Fluss, dass Konfuzius aussprach: So gehen die Dinge dahin!« (Mao Zedong)

Der Yangzi muss viel aushalten. 5.800 Höhenmeter verliert er von der Quelle bis zur Mündung. Zweimal wird er von hohen Bergen zu einer 180-Grad-Kehre gezwungen und am Ende des Oberlaufes durch drei enge Schluchten gepresst, nur um dann von der weltgrößten Staumauer gestoppt zu werden. Zu allem Überfluss wird er im Westen auch noch oft mit dem kleinen Bruder im Norden, dem Gelben Fluss, verwechselt. Yangzi heißt er auch nur im Mündungsdelta, die Chinesen nennen ihn den Großteil seines Laufes Changjiang, »langer Fluss«.

Zwar gilt der Gelbe Fluss gemeinhin als Wiege der chinesischen Zivilisation, der Yangzi jedoch regt die Fantasie der Chinesen an wie kein anderer Fluss im Reich der Mitte. Unzählige Mythen und Sagen ranken sich um ihn, Kalligrafen tauchten ihre Pinsel in Yangzi-Wasser und Dichtern gab er Inspiration. Bis Mitte des 20. Jahrhunderts überspannte keine einzige Brücke den Fluss, der so lange Zeit eine schier unüberwindbare Grenze zwischen Nord- und Südchina war.

Wer die Flüsse beherrschte, regierte China, und wer den Yangzi zähmen konnte, der war ein mehr als würdiger Herrscher. Zweimal stürzte sich Mao Zedong, als seine Macht bedroht war, in den Yangzi und durchschwamm ihn. Und auch seine Nachfolger, von Deng Xiaoping über Jiang Zemin bis hin zu Hu Jintao, nahmen die Zähmung des Yangzi als Legitimation ihrer Herrschaft. Seit 2003 ist der Yangzi auf Höhe der berühmten Drei Schluchten gestaut und versorgt China mit dringend benötigter Energie. Der Drache ist gezähmt! *(vh)*

66 Der Lange Marsch

Der Gründungsmythos

长征 changzheng

Mit dem Langen Marsch ist es wie mit jedem Mythos: Mit jedem Jahr wird er ein wenig mehr verklärt, verdreht und verschönert, sodass die Saga von den aufrechten Kommunisten mittlerweile wie ein aufregender Abenteuerfilm klingt.

Eigentlich ist der Lange Marsch schnell zusammengefasst: Kommunistische Rebellen lehnen sich in den 1930ern gegen die Guomindang-Regierung auf und nisten sich in den Bergen der abgelegenen Provinz Jiangxi ein. Für den Guomindang-General Chiang Kai-shek ist es keine Frage: Die Kommunisten müssen vernichtet werden. Als er sie im Oktober 1934 von einer Übermacht umzingeln lässt, brechen rund 100.000 kommunistische Rebellen aus der Umklammerung aus. Ein Jahr lang werden sie von den Guomindang-Truppen unter hohen Verlusten kreuz und quer durch China gejagt. Immer wieder kommt es auf dem 12.000 Kilometer langen Treck zu verlustreichen Schlachten mit Hunderten von Toten. Wer die Kämpfe überlebt, wird meist von Hunger und Krankheiten dahingerafft. Nicht einmal jeder Zehnte überlebt die Schreckenstour durch China: Als die Rebellen im Oktober 1935 im bettelarmen und abgelegenen Shaanxi Unterschlupf finden, sind nur noch 8.000 übrig. Diese freilich belohnt Mao Zedong, der sich mittlerweile an die Spitze der Bewegung gesetzt hat, später mit hohen Ämtern: Der spätere Premierminister Zhou Enlai, der Reformer Deng Xiaoping, der Oberbefehlshaber der Volksbefreiungsarmee Zhu De und der spätere Stellvertreter des Parteivorsitzenden Lin Biao gehörten genauso dazu wie der Verteidigungsminister Peng Dehuai, der Vorsitzende Liu Shaoqi und der Staatspräsident Yang Shangkun. Zumindest solange sie Maos Macht nicht infrage stellten. Kein Wunder, dass der Lange Marsch bis heute fast schon ein Tabu darstellt. Darüber schreiben? Na klar. Genauer nachforschen? Eher nicht ... Gut möglich, dass mit dem Pathos auch das Ansehen der Partei abblättert. Allzu viel Angst vor Enthüllungen muss die KPCh nicht mehr haben: Nahezu alle Teilnehmer sind mittlerweile verstorben. *(fh)*

Lange-Marsch-Denkmal in Shigu (Yunnan)

67 Laowai

Anders als andere

老外 lǎowài

Ein bisschen schmeichelnd ist es schon: Abseits der großen Städte bin ich eine wandelnde Sensation. Auch heute noch. »Ein *Laowai*«, raunen sich die Marktfrauen von Kaiping zu und diskutieren auch gleich noch alle physischen Merkmale, die mich von einer Chinesin unterschieden.

Das ist kein Problem, weil *Laowais* grundsätzlich kein Chinesisch können. Ich oute mich als sprachkundig und ernte Gelächter. Die Bemerkungen ändern sich nicht wirklich, nur sind sie jetzt direkt an mich gerichtet: »Sehen bei euch alle so aus?«, »Woher kommst du?«, »Was verdient man so in Deutschland?«. Letzteres ist ein unglaublich wichtiger Aspekt, eine Frage, die unbedingt mal raus muss. Ausländer sind und bleiben in China eine spannende Sache. Vor allem auf dem Lande ist die Ankunft eines Ausländers oft noch ein einmaliges Erlebnis. Doch warum? Bis in die 1970er gab es praktisch keine Ausländer in China. Seit dem Beginn der Öffnungspolitik hat sich der Tourismus kräftig entwickelt, rund 60 Millionen internationale Reisende kommen nun jedes Jahr ins Land. Doch sie fahren fast alle die gängigsten touristischen Sehenswürdigkeiten ab. Peking, Xi'an, Shanghai und Guilin sind deshalb die Orte, in denen Ausländer wahrlich keinen Hund mehr hinter dem Ofen hervorlocken. Der Ausdruck *Laowai* ist freilich geblieben. Wörtlich übersetzt bedeutet *lao* »alt«, hier aber im Sinne von »ehrenwert« zu verstehen, während *wai* einfach nur das Wort für »außerhalb« ist. Beleidigend ist der Ausruf *Laowai* also nicht. Mitunter ist es jedoch etwas anstrengend, rund um die Uhr beäugt und bekichert zu werden. Gleichzeitig ist es recht befreiend, ein *Laowai* zu sein. »Die sind ja sowieso irgendwie anders«, lautet der chinesische Konsens, und deshalb sind *Laowais* weder an den traditionellen Verhaltenskodex noch an andere Standards gebunden. Egal ob seltsame Kleidung, schlechte Manieren oder mangelnde Sprachkenntnisse: Ausländer zu sein, erklärt in China so ziemlich alles. Nur Ost- und Südostasiaten sind in dieser Hinsicht benachteiligt: Weil sie irgendwie doch ein bisschen wie Chinesen aussehen, lässt man ihnen auch weniger Fauxpas durchgehen. *(fh)*

68 Lei Feng

Wenn Streber unsterblich werden

向雷锋同志学习 Xiàng Léi Fēng tóngzhì xuéxí

In den 1960ern war er das moralische Vorbild schlechthin. Auch heute wird der Soldat Lei Feng auf der Suche nach ideellen Werten immer wieder mal aus der Mottenkiste geholt. Doch sein Podest wackelt …

Er half alten Frauen über die Straße, stopfte seinen Kameraden heimlich nachts die Socken, gab Frierenden seine Kleidung – und starb mit 21 Jahren, als ihm ein Telefonmast auf den Kopf stürzte. Sein Tagebuch, in dem Lei seine selbstlosen Aktionen dokumentierte, wurde posthum zum Propaganda-Schlager. Kurzum, der einfache Soldat Lei Feng war das Vorbild schlechthin, wenn es um selbstloses Verhalten ging. Im China der 1960er wurde sein Vorbild landesweit propagiert: »Vom Genossen Lei Feng lernen« war eine bekannte Parole, die vor allem jüngere Menschen anleiten sollte, alles für den Sozialismus zu geben. Da Lei Feng 1962 bei einem Unfall starb, blieb sein Image makellos.

Zusammen mit vielen anderen Propaganda-Idealen verschwand Lei Feng nach und nach im Rahmen der Öffnungspolitik. Doch die neue Freiheit bietet nur wenige moralische Vorbilder. Und so war es nur eine Frage der Zeit, bis auch Lei Feng wieder in der staatlich verordneten Propaganda erschien. Und nicht nur dort: als Reklamefigur für Blutspenden, Kondome (eine Anspielung auf seine Aussage, er wolle nichts weiter als eine Schraube sein, die nie rostet; im Dienste der Revolution natürlich) und auch für eine Mobilfunkfirma, die allerdings den Fehler beging, die Lei-Feng-Reklame auf den Boden zu drucken, sodass er mit Füßen getreten wurde. Ein Fauxpas, der die Firma umgerechnet 320 Euro Strafe kostete.

Ohnehin wird der verordnete Lei-Feng-Kult nicht mehr kritiklos hingenommen. Leise Stimmen hinterfragen mittlerweile die eine oder andere Unstimmigkeit: Wie konnte es sein, dass immer dann zufällig ein Fotograf in der Nähe war, wenn Lei Feng gerade eine Heldentat begann oder nachts heimlich Socken stopfte? Aus seinen zwei Jahren in der Armee gibt es rund 200 Fotos – und dies in einer Zeit, in der kaum ein Mensch einen Fotoapparat besaß und die meisten Menschen sich nur wenige Male im Leben ablichten ließen! *(fh)*

雷锋
好榜样
体预订热线：400-011-0568

Lesen

Keine Selbstverständlichkeit

看书 kàn shū

Es ist Sonntag, zwei Uhr am Nachmittag, und in der Kinderabteilung der Xinhua-Buchhandlung von Chongqing ist die Hölle los: Nahezu jeder freie Platz zwischen den Regalen ist mit lesenden Kindern und Jugendlichen belegt.

Comics sind besonders beliebt – da hat man sogar die reelle Chance, bis zum Ende der Öffnungszeiten ein ganzes Heft zu durchschmökern. Andererseits: So lange, wie die meisten es sich hier gemütlich machen, könnte es auch für die Gesamtausgabe der chinesischen klassischen Literatur langen. Einfach mal in der Buchhandlung abhängen scheint in China ein beliebtes Wochenendvergnügen. Vor allem bei heißem Wetter oder Dauerregen haben es echte Kunden schwer, sich zwischen den kauernden Jugendlichen zurechtzufinden.

Der Weg zu diesen lesenden Massen war jedoch nicht einfach: Bis 1949 betrug die Analphabetenrate in der Volksrepublik China noch rund 80 %. Abgesehen von einer kleinen gebildeten Schicht konnte also kaum jemand schreiben und lesen. Heute dürfte der Anteil der Lese- und Schreibkundigen mehr als 90 % betragen. Wie viele Menschen genau durch das Schulnetz rutschen, ist schwer festzustellen. Vor allem auf dem Lande brechen etliche Kinder die Schule aufgrund der hohen Schulnebenkosten vorzeitig ab: Das Schulgeld selbst wurde bereits vor Jahren abgeschafft, doch auch die Schulbücher sind für viele Familien unerschwinglich.

Nichtsdestotrotz gehört der chinesische Buchmarkt zu den aktivsten der Welt. Jährlich erscheinen circa 300.000 neue Titel, die zahlreichen Onlinepublikationen nicht mitgerechnet, die gar nicht erst gedruckt werden, sondern über Zahlportale Zugang zu Büchern verschaffen. In der Volksrepublik China gibt es derzeit rund 600 staatliche Verlage. Private Verlage sind theoretisch nicht erlaubt, arbeiten aber de facto als »Kulturagenturen« mit staatlichen Verlagen zusammen. Offizielle Statistiken zu ihrer Anzahl gibt es nicht, es dürften aber mehrere Tausend sein. *(fh)*

70 Liaotian

Das Blaue vom Himmel schwatzen

聊天 liáotiān

Ich stehe keine zehn Sekunden an der Haltestelle, schon werde ich angesprochen. »Woher kommst du?«, »Wie heißt du?«, »Was verdienst du?«, »Hast du Kinder?«, »Wenn ja, wie viele?«, und als ich noch keine Kinder hatte: »Was stimmt bei dir nicht?«

Sicher, eine Langnase ist – zumindest auf dem Land – immer noch eine Attraktion. Doch Wissbegierde und Mitteilungsbedürfnis umfassen nicht nur den zufällig anwesenden Ausländer. »Wartezeit ist Zeit zum Philosophieren«, warb die Berliner Verkehrsgesellschaft BVG Anfang der 1990er. In China wird dies wörtlich genommen, auch wenn hier eher getratscht wird als philosophiert. Dauert sowieso noch ewig, bis der Bus kommt, dann kann man die Wartezeit auch mit etwas Plauderei überbrücken!

Generell lässt sich sowieso hinterfragen, wer vor einigen Jahrhunderten das Klischee vom hintergründig schweigenden Chinesen aufgebracht hat. In China trägt man in der Regel das Herz auf der Zunge. Der Gruß »*Chifanle ma?*« (»Hast du schon gegessen?«) ist nicht nur das Pendant zum deutschen »Mahlzeit!«, es ist auch eine unmissverständliche Aufforderung zum Small Talk, der vom Wetter über das gestrige Fußballspiel bis hin zur großen Politik führen kann. *Liaotian* eben, wörtlich »vom Himmel plaudern«, also über alles und jeden reden. Da kann man sich auch mal zur Zote oder politischen Kritik hinreißen lassen. Ist ja alles nicht so ernst gemeint, sondern informell, eine private Plauderei im Gegensatz zum öffentlichen Statement.

Mit der die chinesische Gesellschaft zunehmend erfassenden Hektik geht leider auch das Bedürfnis zurück, *liaotian* zu praktizieren. Oder liegt das an der erstaunlichen Pünktlichkeit, die chinesische Verkehrsmittel inzwischen an den Tag legen? *(vh)*

71 Löss

Gruß aus der Wüste

黄土 huángtǔ

Eigentlich gibt es am Lössboden wenig auszusetzen: Er ist fruchtbar und leicht zu bearbeiten. Sogar Wohn- und Lagerhöhlen lassen sich mit einfachsten Werkzeugen in seine butterweichen Wände graben. Als Flugstaub aus den innerasiatischen Steppen wird er seit Jahrtausenden in die chinesische Tiefebene getragen, wo er sich bis zu 300 Meter hoch ablagert.

So, wie die Lösspartikel kommen, werden sie allerdings auch wieder abgetragen – mit dem Wind. Jeden Frühling, wenn bis zu 100 km/h schnelle Stürme aus dem Inland gen Peking ziehen, werden die Einwohner der Hauptstadt daran erinnert, dass Nordchina auch mit enormen Erosionsproblemen zu kämpfen hat: Blitzschnell und ohne Vorwarnung verschwindet Peking in einer Wolke gelben Staubs, der die Sicht innerhalb von Sekunden auf wenige Meter reduziert und noch Stunden später zwischen den Zähnen knirscht. Ein Sandsturm im April 2006 beispielsweise verteilte innerhalb eines Tages rund 300.000 Tonnen Sand und Staub über der Hauptstadt.

Ein Blick auf die Satellitenkarte Chinas zeigt schnell, wie es zu den verheerenden Stürmen kommen kann: Einst bewaldet, war das chinesische Hauptsiedlungsgebiet entlang des Gelben Flusses schon zu Beginn unserer Zeitrechnung quasi komplett abgeholzt. Die heftigen Sommerregen waschen den Boden wie Seife von den Hängen – kein Wunder, dass auch der Wind mühelos seine Fracht bis nach Peking tragen kann. Landwirtschaftlich ist die Lössebene dennoch eine Schlüsselregion, die den Besucher mit seltsamen Wohnungen überrascht. Auf der Zugfahrt von Peking nach Xi'an beispielsweise sind die typischen Höhlensiedlungen gut sichtbar. Die Wohnungen werden ein oder zwei Zimmer tief in die Lössberge gegraben, wobei die erste Reihe mit Fenstern versehen wird. Lediglich die Fassaden der Höhlenwohnungen müssen poliert oder mit Ziegelsteinen befestigt werden. Dass sich auch heute noch viele Chinesen am Gelben Fluss freiwillig für Höhlenwohnungen entscheiden, hat nicht nur finanzielle Gründe: Im Sommer bleiben die Lösswohnungen angenehm kühl und im Winter sind sie nicht den eisigen Winden ausgesetzt. *(fh)*

72 Lotus

Sag's durch die Blume

荷 hè, 莲 lián

Hübsch sind sie – und voller unterschwelliger Bedeutung. Als netter Blumenstrauß für die Gastgeberin ist der Lotus daher eher nicht geeignet.

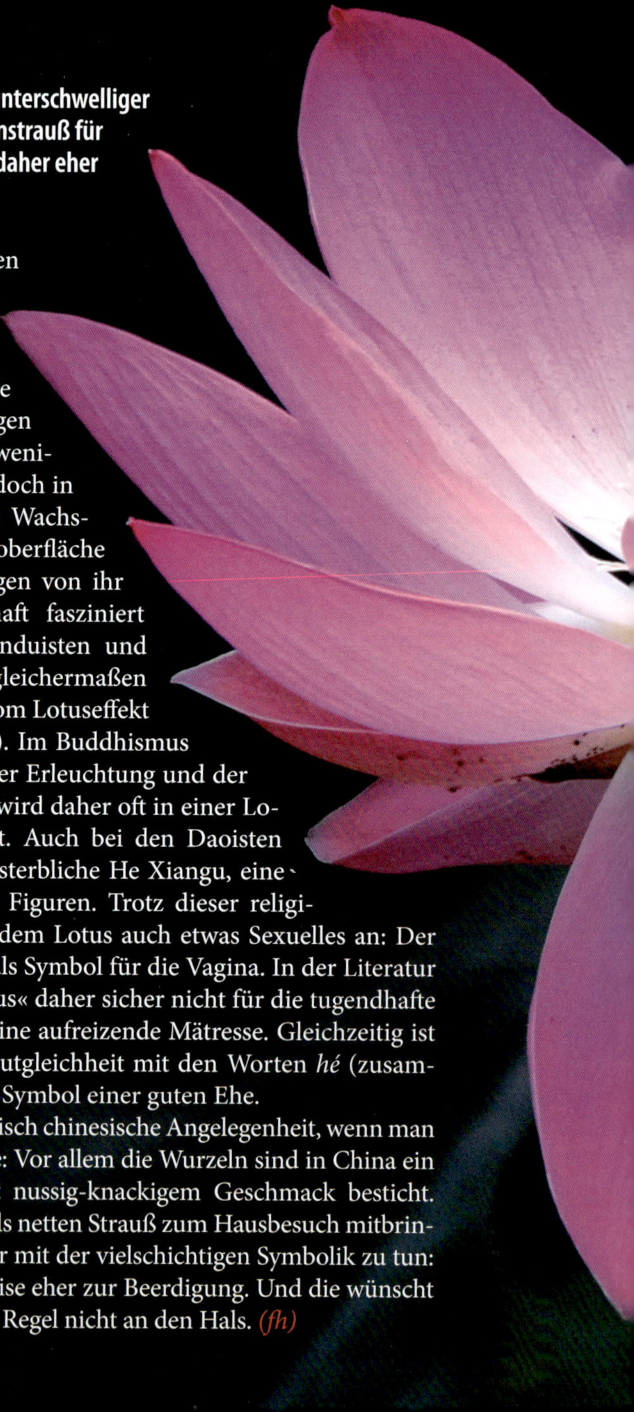

Heilig und anzüglich liegen manchmal nah beieinander: Fast überall in Asien ist die Lotusblüte eine symbolträchtige Blume. Sie wächst in den schlammigen Tümpeln, also mehr oder weniger im Dreck, und strahlt doch in absoluter Reinheit. Kleine Wachsmoleküle an ihrer Blütenoberfläche lassen alle Verunreinigungen von ihr abperlen. Diese Eigenschaft fasziniert Buddhisten, Daoisten, Hinduisten und Waschmittelhersteller gleichermaßen (Letztere sprechen gerne vom Lotuseffekt und werben mit der Blüte). Im Buddhismus ist der Lotus das Symbol der Erleuchtung und der inneren Reinheit, Buddha wird daher oft in einer Lotusblüte sitzend dargestellt. Auch bei den Daoisten steht der Lotus für die Unsterbliche He Xiangu, eine der wichtigsten göttlichen Figuren. Trotz dieser religiösen Assoziationen haftet dem Lotus auch etwas Sexuelles an: Der Rote Lotus steht mitunter als Symbol für die Vagina. In der Literatur steht der Name »Roter Lotus« daher sicher nicht für die tugendhafte Heldin, sondern eher für eine aufreizende Mätresse. Gleichzeitig ist der Lotus aufgrund der Lautgleichheit mit den Worten *hé* (zusammen) und *lián* (verbinden) Symbol einer guten Ehe.

Der Lotus wäre keine typisch chinesische Angelegenheit, wenn man ihn nicht auch essen könnte: Vor allem die Wurzeln sind in China ein beliebtes Gemüse, das mit nussig-knackigem Geschmack besticht. Dass man den Lotus nicht als netten Strauß zum Hausbesuch mitbringen sollte, hat aber nicht nur mit der vielschichtigen Symbolik zu tun: Blumen gibt es normalerweise eher zur Beerdigung. Und die wünscht man der Gastgeberin in der Regel nicht an den Hals. *(fh)*

13 Löwen
Importierte Wächter
狮 shī

Biologen dürften die chinesischen Türwächter stutzig machen: Löwen in China? Wohl kaum. Doch wie kommen die afrikanischen Tiere nach Fernost?

Es war der Buddhismus, der die Löwen vor rund 2.000 Jahren nach China brachte – oder zumindest die Kunde davon, denn im Gegensatz zu China gehört Indien zum angestammten Verbreitungsgebiet des Löwen. Als »König der Tiere« schien der Löwe in China der ideale Gegner für Dämonen und böse Einflüsse. Traditionell halten sie daher seitdem vor buddhistischen Tempeln, Palästen, Gräbern und den Residenzen hoher Beamter paarweise Wache. Der männliche Löwe auf der rechten Seite stützt sich dabei mit der linken Pranke auf eine Perle, während der linke, weibliche Löwe unter der rechten Pranke ein Löwenjunges hält. Wenn sie trotz der Grandeur auf den Betrachter ein wenig wie Pekinesen wirken, dann liegt das schlicht daran, dass die plattschnauzigen Hunde als Modell herhalten mussten – kaum ein Künstler im alten China wusste, wie die Löwen wirklich aussahen. Wichtiger als die naturgetreue Darstellung war ohnehin die stilisierte Ausgestaltung der Löwen: An der Zahl der Locken ließ sich auf einen Blick erfassen, welchen Platz der Hausbesitzer in der Beamtenhierarchie innehatte.

Auf den Umstand, dass die wenigsten Chinesen je einen Löwen in natura gesehen haben, setzten offensichtlich auch die Betreiber des Tierparks von Luohe in der Provinz Henan. Als der Löwe des Zoos im Sommer 2013 zu Zuchtzwecken vorübergehend an einen anderen Tierpark ausgeliehen wurde, ersetzte man ihn dreist durch einen Tibetischen Mastiff – ohne die erforderliche Einarbeitung in den Job: Zur Überraschung der Zuschauer bellte der »Löwe« die Besucher an und schaffte es so bis in die internationalen Medien. *(fh)*

74 Luxus

Hauptsache, es glitzert

豪华 háohuá

Chanel, Tag Heuer, Burberry, Dior, Gucci ... Die Zahl der europäischen Luxusmarkengeschäfte in China wächst zusehends. Doch wer bitte kauft da ein? Die Boutiquen und Niederlassungen wirken oft erstaunlich leer. Gibt es vielleicht doch nicht genug solvente Kundschaft in China?

Wer hat, der hat und darf es auch zeigen. So sehen das zumindest die Mitglieder der neuen chinesischen Oberschicht. Falsche Bescheidenheit gibt es in China eher nicht, dafür aber viel Nachholbedarf. Bis zum Beginn der 1990er waren ausländische Luxuswaren in China extrem selten. Heute ist das Reich der Mitte nicht nur weltweit der größte Markt für internationale Luxusprodukte, es lockt die internationalen Markenhersteller auch mit spektakulären Wachstumsraten von bis zu 30 %. Rund 15 Milliarden Euro geben reiche Chinesen allein im Inland jedes Jahr für Taschen, Luxuskarossen, Porzellan, Uhren und allerhand andere Prestigewaren mit dem richtigen Label aus. Und das ist nur ein Teil der Shoppingbeute. »Zu Hause ansehen, im Ausland kaufen« lautet das Motto vieler reicher Chinesen, was nicht nur mit dem Spaß am Reisen zu tun hat. Die 40-prozentige chinesische Luxussteuer sorgt dafür, dass es trotz Reisekosten durchaus günstiger sein kann, den Millionärsbedarf im Ausland zu erstehen. Was übrigens auch die leeren Luxusboutiquen in China erklärt. Inländische Konkurrenz zu den hochpreisigen Statussymbolen aus Übersee gibt es bisher kaum. »*Made in China*« klingt für viele Chinesen einfach noch nicht teuer genug. *(fh)*

75 Macau

Komm, lass uns Haus und Hof verspielen!

澳门 Aomén

Sightseeing in Macau? Das lässt sich aus chinesischer Sicht locker an einem halben Tag erledigen. Die restlichen drei Tage heißt es spielen, spielen, spielen. Eventuelle Pausen lassen sich mit Luxusshopping überbrücken – schon um die Gewinne auch gleich wieder umzusetzen. Oder, wenn die Glückssträhne sich nicht einstellt, zum Trost.

Was wäre die chinesische Sonderverwaltungszone Macau ohne die Spielsalons? Wichtiger noch die Frage: Was wären die Spielsalons ohne ihre volksrepublikanischen Besucher? Leer vor allem. Von Macau einmal abgesehen, ist Glücksspiel in China verboten. Aus gutem Grund: Kaum ein Volk scheint so hemmungslos dem Spiel verfallen zu sein wie die Chinesen. Warum dies so ist, lässt sich schwer sagen; Spielen ist jedenfalls ein extrem beliebter Zeitvertreib: Eine schnelle Partie, das kann doch nicht falsch sein! Und wenn es dabei um Geld geht, umso besser. Die Konsequenz ist: Die chinesischen Besucher strömen in Heerscharen über die Grenze und Macau verdient sich dumm und dusselig. Mittlerweile steckt die ehemalige portugiesische Kolonie in puncto Spieleinnahmen sogar Las Vegas mühelos in die Tasche: Rund 45,2 Milliarden US-Dollar erwirtschafteten die Casinos im Jahr 2013 – sieben Mal mehr als Las Vegas. Wenig verwunderlich ist daher: Die macanesische Stadtregierung nimmt seit geraumer Zeit mehr Steuern ein, als sie ausgibt, und hat daher derzeit auch keinerlei internationale Schulden. Ein Ende des Spielbooms ist übrigens nicht in Sicht: Die Zahl der gut verdienenden Chinesen steigt jährlich, genauso wie die Einreisezahlen aus der Volksrepublik: 2013 waren es rund 1,6 Millionen, Tendenz steigend. *(fh)*

76 Majiang

Die Mutter aller Glücksspiele

麻将 májiàng

Obwohl alle Tische voll besetzt sind, ist es totenstill im Café. Nur ein leises Klicken und Klappern dringt auf die Straße. Keiner der Gäste spricht mehr als nötig, dafür starren sie alle auf den Tisch vor sich. Auch die stehenden Gäste raunen nur hier und da leise vor sich hin. Was wie der Beginn eines Zombiefilms wirkt, ist nichts anderes als eine konzentrierte Majiang-Runde.

Vier Spieler braucht es, die als Norden, Süden, Osten und Westen meist an einem kleinen quadratischen Spieltischchen sitzen. Das Grundprinzip des Majiang, von dem es tausendundeine lokale Variante gibt, erinnert stark an Rommé – verwandt sind sie dennoch nicht; beide Spiele haben sich unabhängig voneinander entwickelt. Obwohl es als das chinesische Spiel schlechthin gilt, entstand Majiang (im Westen auch als Mah-Jongg oder Mahjong bekannt) wahrscheinlich erst in der zweiten Hälfte des 19. Jahrhunderts. Einer der vielen Armeeoffiziere, die in der Zeit der Taiping-Rebellion lange Nächte mit Wachestehen verbringen mussten, soll es erfunden haben. Anderen Theorien zufolge ist Majiang die Spielidee eines Shanghaier Adligen, oder vielleicht doch eine Erfindung zweier Brüder aus Ningbo, die es aus dem traditionellen Spiel Madiao weiterentwickelten? Mit der Frage nach der Herkunft hält man sich in China gar nicht lange auf, sondern spielt. Wieder, muss man dazu sagen. Wie alle Glücksspiele war Majiang nach dem Sieg der Kommunisten 1949 erst einmal verboten. Nicht ganz zu Unrecht: Manch ein Familienvater hatte in der Zeit der Republik beim Majiang Haus und Hof verspielt. Lange mussten die Chinesen jedoch nicht auf ihren Lieblingszeitvertreib verzichten. 1985 wurde das Verbot im Zuge der Reformpolitik wieder aufgehoben – wahrscheinlich sehnten sich auch die hohen Kader nach dem leisen Geklapper der Steine. Der Einsatz von Geld ist jedoch nach wie vor nicht erlaubt. *(fh)*

Mao Zedong
Das letzte Tabu der Politik
毛泽东 Máo Zédōng

Großer Steuermann, Retter Chinas, Himmelssohn, Sonne des Reiches der Mitte oder einfach nur ein blutrünstiger Diktator? In China scheut man sich vor einer finalen Einschätzung.

Die objektive historische Betrachtung der Person Maos ist für die Kommunistische Partei Chinas eine heikle Sache. Auch wenn die heutige Politik mit den ursprünglichen Plänen Maos nur noch wenig zu tun hat, bezieht sich die Partei noch immer auf den Großen Vorsitzenden. Ihn ernsthaft zu kritisieren, könnte Tür und Tor aufstoßen zu einer Diskussion über die Herrschaft der Partei im Allgemeinen. Sogar jene Kader, die einst selbst unter Maos Machtspielen litten, sind sich einig: Dies muss natürlich verhindert werden.

1981 wurde Maos Politik von der Partei daher offiziell als »70 % gut und 30 % schlecht« beurteilt. Zu Deutsch: Es war zwar wahrlich nicht alles gut unter Mao, eine allumfassende Kritik jedoch ist nicht erwünscht. Und genauso wird es in China heute gehandhabt. Jedes Jahr werden seine Porträts und Statuen ein wenig seltener, dafür taucht er umso öfter als Popikone auf. Auf Taschen, Armbanduhren und nicht immer ganz ernst gemeinten T-Shirts, in Kunstcollagen und vor allem als Glücksbringer. In vielen Taxis baumelt sein Konterfei in goldenem Plastikrahmen und mit roten Bommeln verziert am Rückspiegel. Was nicht zwingend mit aufrichtiger Mao-Verehrung einhergehen muss, sondern dem pragmatischen Gedanken entspringt, dass ein auf Erden so mächtiger Mann auch im Jenseits viel Einfluss haben dürfte und damit auch für Schutz im Straßenverkehr sorgen kann. *(fh)*

78 Marco Polo

Der unbekannte Reisende

马可 波罗 Mǎkě Bōluó

Eigentlich müsste hier anstelle eines Fotos eine leere Fläche prangen, denn: Marco Polo spielt in China einfach keine Rolle – zumindest historisch. Während er im Westen als der Weltreisende und Abenteurer schlechthin gilt und für zahllose Reisebücher, Reiseveranstalter und andere touristische Begriffe Pate steht, ist er in den chinesischen Annalen gar nicht erst zu finden.

Die offizielle Version geht so: Im Jahre 1271 ziehen die venezianischen Händler Niccolò und Maffeo Polo gen Osten, um den Hof des Kublai Khan zu besuchen. Mit dabei: Marco Polo, der 17-jährige Sohn des Niccolò Polo. In China angekommen, befreundet sich Marco Polo mit dem Kublai Khan und verdingt sich sogar als Präfekt und Statthalter im mongolisch besetzen China. Im Auftrag des Khans reist Marco kreuz und quer durch China und verbringt die nächsten 17 Jahre im chinesischen Mongolenreich. Zurück in Venedig werden seine Erinnerungen zum absoluten Welthit – kein Buch wurde je öfter per Hand kopiert als *Die Wunder der Welt!*

Seltsam ist freilich, dass Marco Polo sich über das ganze Buch hinweg bunt gemischt persischer, arabischer und türkischer Ortsnamen bedient – hätte er als Statthalter nicht eher die chinesischen oder mongolischen Namen kennen müssen? Und warum verliert er kein Wort über die chinesische Zeichenschrift, die er als Staatsbeamter beherrscht haben müsste? Auch Buchdruck, Feuerwerk und Schießpulver und viele andere beeindruckende Errungenschaften sind Marco Polo keinen einzigen Satz wert. Nicht einmal die Sitte, mit Stäbchen zu essen, wird in den *Wundern der Welt* erwähnt, obwohl er sich ihrer mit Sicherheit bedient haben dürfte. Gleiches gilt für den Tee und die zahlreichen Teehäuser, die in der chinesischen Oberschicht eine große Rolle spielten. Genauso verwirrend ist die Reihenfolge, in der die besuchten Orte abgehandelt werden: Kreuz und quer ohne logische Ordnung schickt er den Leser durch das Reich der Mitte.

Kurzum, es ist mehr als zweifelhaft, ob Marco Polo jemals chinesischen Boden betreten hat. Vieles spricht dafür, dass er einfach nur die Geschichten anderer Reisender virtuos zusammenspann. *(fh)*

aquesta carauana es partida del imperi
de sarra per anar al catayo

79

Die Große Mauer

Unnützes Bollwerk

长城 chángchéng

Sesshafte Bauern auf der einen Seite, wilde Nomaden auf der anderen: kein Wunder, dass es an der Nordgrenze des chinesischen Reiches immer wieder zu Zusammenstößen kam. Was läge näher, als eine Mauer zu errichten, die beide Seiten trennt?

Um es gleich zu sagen: Unter dem Strich sorgte die Große Mauer für viel Ärger und brachte wenig Nutzen. Wer sie überwinden wollte, brauchte meist nur ein Taschengeld und eine bestechliche Wache. Oder er umrundete ganz einfach die Mauer. Offensichtlich fiel den chinesischen Herrschern jedoch keine bessere Lösung ein: Nachdem der erste Kaiser Qin Shihuangdi im 3. Jahrhundert v. Chr. erstmals alle bestehenden Wallanlagen im Norden zum einer einzigen Mauer von rund 5.000 Kilometern Länge verbinden ließ, blieb der Gedanke be-

stehen. Viele Dynastien werkelten an der Mauer herum – vergebens, wie die Besatzung Chinas durch die Mongolen von 1279 bis 1368 zeigte. Ihr heutiges Bild bekam die Mauer jedoch erst im 15. Jahrhundert: Nachdem die Mongolen verjagt waren, ließ die Ming-Dynastie sie in noch nie dagewesenem Umfang auszubauen: Nie wieder sollte ein Reitervolk China erobern! Auf 6.000 Kilometern Länge ragte sie nun bis zu 10 Meter aus der Ebene. Auf der gepflasterten Krone konnten mehrere Reiter nebeneinander galoppieren und alle 500 bis 4.000 Meter standen Signaltürme, mit denen durch das Entfachen von Feuern im Falle eines Angriffs Truppen angefordert werden konnten. Wie die Geschichte beweist, war auch dies letztlich sinnlos: 1644 eroberten die Mandschuren China und regierten das Land bis zum Ende der Kaiserzeit 1911. Danach verfiel die Mauer zusehends. In Mode kam sie erst wieder mit dem internationalen Tourismus: 1984 ließ Deng Xiaoping die Mauer nördlich von Peking renovieren, 1987 wurde sie schließlich auf die Liste des UNESCO-Weltkulturerbes gesetzt. Vom Mond aus sehen kann man sie übrigens entgegen der gängigen Meinung jedoch nicht – dazu ist sie einfach zu schmal und zu klein. *(fh)*

80 Maultaschen

Reinbeißen und genießen!

饺子 jiǎozi

Als 24. Gang serviert das Defayuan-Restaurant in Xi'an mit Nusspaste gefüllte walnussförmige Maultaschen. 24 Gänge, Teigtaschen in allen erdenklichen Variationen. Scharf, salzig, süß, mit Fisch, Schweine- und Eselsfleisch, mit Pilzen, Schnittlauch und Wasserkastanie. Der Teig ist mal aus Reis-, mal aus Weizenmehl, manchmal dick, dann wieder fast durchsichtig dünn.

China ist ein Maultaschenland. Schon zum Frühstück gibt es gefüllte Dampfnudeln oder Wantan-Suppe. Ganze Straßenzüge auf Nachtmärkten haben sich auf Maultaschen spezialisiert. Und die Dimsum aus Hongkong sind sowieso ein Gedicht.

Mit dem verschämten Verstecken von Fleisch im Teigmantel, wie es die Ursprungslegende der schwäbischen Teigtaschen erzählt, hat die chinesische Obsession für die leckeren Snacks gar nichts zu tun. Die Jiaozi, Baozi, Xiao Longbao und Huntun genannten Teigtaschen kommen dem chinesischen Bedürfnis entgegen, möglichst viele verschiedene Gerichte zu probieren. So eine Teigtasche passt wunderbar zwischen die Stäbchen, macht auch haptisch was her und offenbart immer wieder neue Geschmacksvariationen. Zudem lassen sie sich wunderbar vom Markt oder Restaurant nach Hause transportieren und dort genießen! Wer probieren möchte: Maultaschen in allen Variationen gibt es auch im heimischen Asiensupermarkt! *(vh)*

21

81 Mazu

Die verkannte Göttin

妈祖 Māzŭ

Ihr Bild hängt in jeder Kapitänskajüte und sie ist die Autorität schlechthin, wenn es um die Sicherheit auf See geht. Mazu ist so etwas wie der heimliche Star der Götterwelt: Außerhalb des chinesischen Kulturkreises ist sie nahezu unbekannt – obwohl sie gerade von Auslandschinesen innig verehrt wird.

Wenn es auf See stürmisch wird, wenn die Wellen das Boot allzu sehr schütteln, dann ist Mazu (auch als Tianhou oder auf Kantonesisch als Tin Hau bekannt) die richtige Adresse: Sie ist die Schutzgöttin der Seeleute und Fischer. Gerade Chinesen, die es ab dem 19. Jahrhundert zur Arbeit nach Südostasien oder Amerika zog, hatten bei der Ankunft eine lange, beschwerliche Reise hinter sich. Und so bedankten sie sich meist mit einem kleinen Mazu-Schrein oder gar einem Tempel. Rund tausend Mazu-Tempel gibt es heute weltweit, all jene nicht mitgerechnet, in denen sie neben einer anderen Hauptgottheit zu finden ist.

Wahrscheinlich geht die daoistische Göttin auf eine reale Figur zurück: Lin Moniang wurde Mitte des 10. Jahrhunderts als Tochter eines Fischers an der Küste der Provinz Fujian geboren. Zu Lebzeiten soll sie Schiffskatastrophen vorhergesagt haben. Anderen Quellen nach soll sie ihren Vater und Bruder vor dem Ertrinken gerettet haben beziehungsweise – eine weitere Version – dabei ertrunken sein. Sicher ist: Seit ihrem Tod steht sie Seeleuten in Not bei, zum Beispiel, indem sie ihnen in der Not den Weg mit einer roten Lampe weist oder die Sturmwolken mit ihrem Schwert zerteilt. Ihre beiden Helfer, die reformierten Dämonen Qianli Yan (Tausend-Meilen-Auge, in Grün) und Shunfeng Er (Ohr-im-Wind, in Rot) stehen ihr dabei zur Seite. *(fh)*

天上聖母

Minoritäten

Irgendwie süß!

少数民族 shǎoshù mínzú

56 Volksgruppen hat China. 55 von ihnen werden bei Bedarf in bunte Kostüme gesteckt.

Xiao He hat einen guten Job. Alle zwei Stunden zieht sie die Tracht der Bai-Nationalität an und tanzt zusammen mit 17 anderen Mädchen vor dem historischen Stadttor von Dali in der Provinz Yunnan. Begeisterte Touristen zücken ihre Fotoapparate und machen zum Abschluss ein Erinnerungsfoto mit den bunt gewandeten Tänzerinnen. Dass Xiao He keine Bai, sondern Han-Chinesin ist, stört nicht weiter. Hauptsache, bunt, grazil und fotogen!

Sieht man von den Tibetern und Uiguren ab, die hier nicht Thema sein sollen, hat der Umgang der Han-Chinesen mit ihren Minderheiten ein wenig was von einem Streichelzoo. Zwar gibt es seit Gründung der Volksrepublik China durchaus ernst gemeinte Ansätze zur Erhaltung der lokalen Kulturen und Bräuche. Auch auf wissenschaftlicher Ebene passiert viel, was die Erforschung der verschiedenen Ethnien und Sprachen angeht. Nur welcher Tourist hat schon die Zeit und den Nerv, sich durch zwei Stockwerke Dongba-Hieroglyphen oder die komplizierte Geschichte der Yi in Südwestchina zu fressen? Der durchschnittliche han-chinesische Tourist (und auch der westliche Fotograf!) hat seine Minderheiten lieber pittoresk und fotogen. Und so tanzen sie durch die zunehmend gleich aussehenden neu aufgebauten Altstädte, manchmal als Bai, dann als Naxi und zuweilen auch als Miao. Für ein kleines Entgelt darf der Tourist sich in Tracht schmeißen und mittanzen. Eine unschlagbare Erinnerung für das heimische Fotoalbum! *(vh)*

Nationalismus

Wir sind wir!

民族主义 mínzúzhǔyì

Eine Gruppe Chinesen in Deutschland. »Hier seid ihr Ausländer!«, meint ein deutscher Freund. »Nein, wir sind Chinesen!«, antworten die Gäste aus dem Reich der Mitte. »Und wir Deutschen?« Antwort: »Ihr seid Ausländer!«

Ein Chinese ist nirgendwo Ausländer. Nie und nimmer! Ein Chinese ist immer ein Chinese. Und als solcher immer mit einer Mischung aus kultureller Überheblichkeit und historischer Demut unterwegs. Die 5.000 Jahre währende chinesische Kultur macht stolz, auch wenn bis Anfang des 20. Jahrhunderts meist nur von 3.000 Jahren die Rede war und die Mär von der Kontinuität der chinesischen Kultur eher eine Erfindung westlicher Sinologen ist. Auf der anderen Seite steht die Demütigung Chinas durch den im chinesischen Selbstverständnis kulturell unterlegenden Westen im 19. und 20. Jahrhundert, eine historische Wunde im chinesischen Nationalbewusstsein, die nur schwer verheilt. Mithilfe von Kompass und auf Papier gedruckten Landkarten nutzten die westlichen Invasoren das Schießpulver, um China Untertan zu machen. Die vier großen chinesischen Erfindungen (Kompass, Papier, Buchdruck und Schießpulver) in der Hand des Westens als das Werkzeug, um China zu unterwerfen. Das tat weh!

Nun ist China spätestens seit den 1990er-Jahren wieder wer im Weltkonzert und die Regierung tut alles, um das gar nicht mehr so zarte Pflänzchen Nationalstolz zu gießen. Wer stolz auf sein Land ist, kritisiert nicht, so die Hoffnung der KP. Eine Hoffnung, die aufzugehen scheint. Eine Studentenschaft, die gegen die japanische Politik im Diaoyu-Inselkonflikt auf der Straße demonstriert, ist der Regierung allemal lieber als Kundgebungen für mehr Demokratie und Mitbestimmung. *(vh)*

84

Nudeln

Genauso typisch wie Reis

面条 miàntiáo

Butterbrotstullen gibt es in China eher nicht. Doch was essen die Menschen, wenn ihnen unterwegs der Sinn nach einem schnellen Snack steht?

Fünf wackelige Plastikhocker, eine fahrbare Kochstelle und ein Stapel Plastikschüsseln – fertig ist der klassische Nudelstand. Blitzschnell schmeißt der mobile Koch eine Handvoll Nudeln mit etwas Gemüse in den zischenden Wok oder füllt die Nudelschüssel mit kochender Brühe auf. Zehn Sekunden dauert die Zubereitung, dann ist der nächste Kunde dran. Mit ein wenig Glück werden die Nudeln vor Ort hergestellt und handgezogen: ein echtes Schauspiel, wenn auch nicht immer nach den strengsten Hygieneregeln. Im Norden Chinas sind die Nudeln jedoch weitaus mehr als ein Zwischensnack. Nördlich des Yangzi-Flusses ist der Reisanbau schon des kalten Klimas wegen kaum möglich. Stattdessen wiegen sich hier endlose Weizenfelder im Wind: Mit 24 Millionen Hektar Anbaufläche und einer Ernte von rund 115 Millionen Tonnen pro Jahr ist China der weltweit größte Weizenproduzent. Und dies nicht zum Export: In Form von Nudeln, gefüllten und ungefüllten Dampfnudeln, als Fladen und Teigtaschen dient der Weizen hier als Grundnahrungsmittel. Sogar der Streit, ob denn nun die Nudel aus Italien oder China stammt, ist mittlerweile zweifelsfrei entschieden: Bei einer Ausgrabung in Lajia in der Nähe des Gelben Flusses entdeckte ein Geologe des Pekinger Instituts für Geologie und Geophysik 1995 eine rund 4.000 Jahre alte Schüssel mit Nudeln. Einen kleinen Unterschied zum heutigen Nudelsnack gibt es aber doch: Diese steinzeitliche Vorgängerin der Weizennudel bestand noch aus Hirse. *(fh)*

Pandas

Keine Erotik im Bambushain

熊猫 xióngmāo

Im Grunde haben die Pandas enormes Glück, dass sie so putzig aussehen. Ansonsten sind sie, ehrlich gesagt, eher unspektakulär. Rumsitzen, langsam fressen, rumsitzen, noch ein wenig langsam fressen und schlafen – so sieht ein randvoll gefüllter Pandatag aus.

Solche lästerhaften Gedanken darf man natürlich weder in China noch in Umweltschützerkreisen äußern. Pandas sind das Symbol für das »liebe China«, das Land, vor dem niemand Angst hat, das uns keine Arbeitsplätze kostet und in dem es vor Weisen nur so wimmelt – also genau das Gegenteil der pessimistischen Ansichten vieler Wirtschaftler und Angsthasen in Europa.

Allerdings werden die Pandas ohnehin immer seltener – um die 1.600 Tiere leben noch in freier Wildbahn. Und das liegt nicht nur am bösen Menschen ...

Das Dumme ist: Pandas fressen rund 10 bis 20 Kilogramm Bambus am Tag. Das ist eine Menge Holz. Wählerisch sind sie zudem, nur die besten Blättchen sind gut genug. Dies allein ist ein Problem in einem Land, das sowieso an Überbevölkerung leidet und den Lebensraum der Pandas täglich ein wenig mehr schrumpfen lässt. Genauso schwierig ist: Pandas sind echte Nieten im Bett. Sex? Och, nö ... Lieber noch ein Nickerchen oder eine Runde Bambus fressen. Weder in der Natur noch in der Gefangenschaft zeichnen sie sich durch einen besonders starken Fortpflanzungstrieb aus. In der Aufzuchtstation von Wolong ist man sogar schon dazu übergegangen, den kleinen Bären Pandapornos vorzuspielen, um den Dingen ein wenig auf die Sprünge zu helfen. Bisher übrigens mit magerem Erfolg.

Klappt es dennoch mit dem Nachwuchs, entpuppen sich Pandamütter als harte Spezies: Im Falle einer Mehrlingsgeburt entscheidet sich die Mutter für ein Jungtier und verstößt die anderen.

Interessanterweise kam selbst in China bisher noch niemand auf die Idee, den Panda süß-sauer (oder sonst wie) zu servieren. Vielleicht liegt es an den goldigen schwarzen Augen. Oder daran, dass man in Feinschmeckerkreisen fest daran glaubt, dass die Eigenschaften des verzehrten Tieres auf den Konsumenten übergehen. Und da ist ein feuriger Tiger allemal attraktiver als ein sexmuffeliger Panda. *(fh)*

86

Park-Orchester

Chinas Open-Air-Altenheim

业余乐团 yèyú yuètuán

Böse Zungen behaupten, die Chinesen bringen ihre pensionierten Familienmitglieder jeden Morgen in den Park und holen sie erst kurz vor Einbruch der Dunkelheit wieder ab.

Ganz falsch ist dieser Eindruck ehrlich gesagt nicht: Chinas Parks sind voll von Senioren, die sich hier in großen Gruppen die Zeit vertreiben: als Laienmusikgruppen, mit kleinen Opernaufführungen, Schach spielend oder im Gespräch mit alten Freunden. Andere wiederum verbringen Stunden damit, mit Wasser Kalligrafien auf das Pflaster zu malen, oder hüten nebenbei noch ein Enkelkind. Wer im Park Stille und Abgeschiedenheit sucht, ist in China definitiv falsch. Höchstens zur Mittagszeit wird es ein wenig ruhiger. Dass die Rentner hier bis in die Abendstunden ausharren müssen, stimmt nämlich nicht: Mittags geht es zum Essen nach Hause, und auch ein kleines Nickerchen danach schadet nicht, vor allem im heißen Sommer. Spätestens um vier Uhr ist jedoch wieder Seniorenzeit und im Park ist jede Bank besetzt: Viele Rentner wohnen bei einem ihrer Kinder, oft auf beengtem Raum, und die Freunde sitzen sowieso schon im Park – welchen Grund gäbe es also, zu Hause zu bleiben? *(fh)*

87 Pekingoper

Nichts für schwache Nerven

京剧 jīngjù

Für die einen ist es ein Schmankerl, für die anderen die längste musikalische Folter der Welt.

Das rhythmische Klappern der Schlaginstrumente wird schneller und steuert seinem Höhepunkt zu. Die männliche Hauptrolle, eine kräftige Gestalt mit buntem Gewand, schwarz-weißer Maske und wehenden Fahnen auf dem Rücken, dreht sich in immer schneller werdenden Bewegungen im Kreis und kommt mit dem finalen Schlag der Trommel in imposanter Geste zum Stehen. »*Hao!*«, gut!, rufen die Zuschauer in Ekstase, die noch vor ein paar Minuten fröhlich desinteressiert ihren Tee geschlürft und ihre Snacks geschmatzt haben. Dies sind die Momente, für die Pekingoper-Enthusiasten leben und die den nicht initiierten Zuschauer zur Verzweiflung bringen. Seit ihren bescheidenen Anfängen als eine Mischung aus mongolischem Hoftheater und verschiedenen Straßentheaterformen Nordchinas wurde die Pekingoper über die Jahrhunderte immer weiter stilisiert und perfektioniert. Heute ist sie eine äußerst komplexe Angelegenheit aus tradierten Rollenmustern, Symbolen und Handlungen, bei denen es weniger darauf ankommt, die ohnehin schon bekannte Geschichte zu erzählen, sondern die eigene Kunstfertigkeit, den Gesang und die Akrobatik zu zeigen. Gelingt das, wendet das verwöhnte Publikum seine Aufmerksamkeit für einen Moment der Bühne zu. Falls nicht, ist die Oper eine angenehme Hintergrunduntermalung für den geselligen Abend mit Freunden, für Speis und Trank. Über die feierliche Atmosphäre in westlichen Opernhäusern können sich die Chinesen nur amüsieren.

Wer einmal Feuer gefangen hat für die Pekingoper, um einige Rollenmuster, Masken und Symbole weiß und vielleicht die eine oder andere zugrunde liegende Geschichte kennt, der wird immer wieder mit Begeisterung den bis zu sechsstündigen Aufführungen lauschen. Allen anderen geht es wie einem Opernmuffel in einer Wagner-Aufführung: Die Handlung ist zu konfus, der Gesang zu schrill und vor allem dauert das Ganze viel zu lang. Einsteigern sei eines der eigens für Touristen zusammengestellten Potpourris empfohlen, die selten mehr als eine Stunde währen. *(vh)*

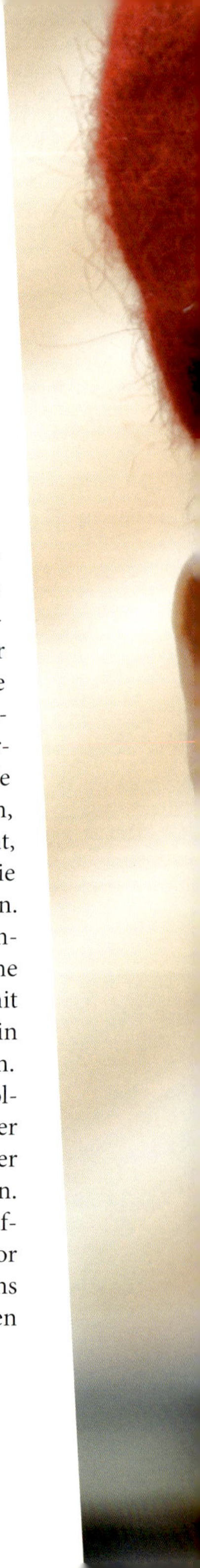

88 Pflaumenregen

Wenn die Luft schimmelt

梅雨 méiyǔ

Auch wenn es durchaus glaubhaft scheint: Der Name »Pflaumenregen« stammt nicht von der Größe der Regentropfen, sondern bezieht sich auf die zeitgleiche Pflaumenblüte.

Heizen Sie Ihr Bad auf und stellen Sie sich dann in voller Kleidung unter die maximal aufgedrehte Dusche: Genau so fühlt sich der Pflaumenregen an. Jedes Jahr im Mai oder Juni sucht er den Süden Chinas und die umliegenden Länder heim. Innerhalb von Stunden bringt der Pflaumenregen bis zu 800 Millimeter Niederschlag pro Quadratmeter – das ist mehr, als die meisten westlichen Länder im Jahr verzeichnen! Während Chinesen dieses Naturereignis meist gelassen hinnehmen, beobachten die entsetzten ausländischen Besucher, wie Kleidung, Tapeten, ja sogar Lederschuhe binnen Stunden von einer dünnen Schimmelschicht überzogen werden, und erfahren so ganz nebenbei, warum sich Plastik in China so großer Beliebtheit erfreut. Wirklich ungeschickte Menschen fahren in dieser Zeit in Urlaub und kehren in eine Art Flauschi-Wohnung zurück. Aus diesem Grund gibt es den *meiyu,* wie der Regenguss auf Chinesisch genannt wird, in zwei Varianten: In der Schreibweise 梅雨 bedeutet er »Pflaumenregen«, als 霉雨 bei gleicher Aussprache jedoch »Schimmelregen«. Letztere Variante wird von all jenen favorisiert, die keine potente Klimaanlage ihr Eigen nennen.

Meteorologisch erklärt sich das Phänomen übrigens so: Zwischen Ende Mai und Ende Juni treffen die kalten Luftmassen des Nordostmonsuns auf die wärmeren und feuchten Luftmassen des Südwestmonsuns. Damit steigt der Luftdruck über dem Pazifik und die Front zwischen den beiden Luftmassen weicht nach Norden aus, was wiederum viele Tiefdruckgebiete verursacht, die jede Menge Regen bringen. *(fh)*

新年快樂

89 Polizei
Kein Freund und Helfer?
警察 jǐngchá

Ferngesteuerte Polizeiautos, Polizeikostüme und vielleicht sogar noch eine Polizeistation zum Zusammenbauen? Nicht in China. Kindliche Bewunderung für die Ordnungsmacht sucht man im Reich der Mitte vergebens.

Zugegeben, der eine oder andere Import aus dem Ausland hat es auch in die Regale der chinesischen Spielwarengeschäfte geschafft. Ein chinesisches Lebensgefühl spiegelt er jedoch schwerlich wider. Chinas Polizisten sind weder Vorbild noch Sicherheits-Wohlfühlfaktor, zumindest dann nicht, wenn es nach dem Volk geht. Dementsprechend selten träumen Kinder davon, später einmal als Polizisten Räuber zu fangen, und verlangen auch nicht nach Polizeispielzeug.

Dass die chinesische Polizei den Ruf hat, nicht gerade feinfühlig mit Verdächtigen und Kriminellen umzugehen, um es einmal vorsichtig zu formulieren, tut sein Übriges dazu. Was nicht heißt, dass durchweg alle Polizisten schlägernde Haudraufs sind. Ihr Beruf hat nur weitaus weniger Renommee als beispielsweise im Westen, getreu dem Sprichwort »Aus guten Menschen macht man keine Soldaten und aus gutem Eisen keine Nägel«. Und ein gewisses militärisches Element lässt sich nicht verleugnen: Während die schwarz uniformierte Gong'an (Jingcha) eher der »normalen« Polizei entspricht, ist die grün gekleidete Neiwei quasi eine paramilitärische Einheit, die sich mit der Terroristenbekämpfung und mit Bewachungsaufgaben befasst, wie auf dem Platz des Himmlischen Friedens und an anderen bedeutsamen Orten Chinas. *(fh)*

中国人民武装警察部队
内 卫
CAPF

90 Potenz

Stark wie ein Nashorn

生殖能力 shēngzhí nénglì

In ihre Manneskraft scheinen die meisten Chinesen wenig Vertrauen zu setzen. Oder anders gesagt: So viele Potenzmittel gibt es in China, dass man hier und da ins Grübeln kommen könnte.

Seegurken sind gut für die Potenz, Schlangen auch und natürlich Ginseng. Gleiches gilt für Stierhoden, Rhinozeroshörner und Hirschpenis. Viel mehr muss man über die traditionelle Potenzförderung nicht wissen, um zu ahnen: Das dahinterliegende Prinzip erklärt sich weniger aus geheimen Inhaltsstoffen oder chemischen Reaktionen als vielmehr aus dem Äußeren. Möglichst lang, dick und steif muss das Ausgangsprodukt sein, denn genau diese Eigenschaften sollen sich schließlich auf das beste Stück des Mannes übertragen. Alternativ sind auch Pulver und Tinkturen aus den Körperteilen starker Tiere beliebt, immer frei nach dem Motto »Du bist, was Du isst«. Und wer will nicht im heimischen Schlafzimmer zum Tiger mutieren? Dass viele Potenzmittel auch prominent auf der Roten Liste der vom Aussterben bedrohten Tierarten stehen, ist aus chinesischer Sicht bedauerlich, aber kein Grund, darauf zu verzichten. Hier geht es schließlich um etwas weitaus Wichtigeres! *(fh)*

91 Propaganda

Da geht's lang!

宣传 xuānchuán

Propaganda, das klingt nach Hardcore-Sozialismus, Volkskommunen und blauen Mao-Anzügen. Doch auch im modernen China gibt es sie, wenngleich in schnittigerem Gewand.

Die ersten Propagandaslogans der 1940er und 1950er waren oft noch ein wenig sperrig: »Die imperialistische Kriegsverschwörung zerschlagen und mutig voranschreiten, um ein friedliches und glückliches Leben aufzubauen« oder »Die fortschrittliche Wirtschaft der Sowjetunion studieren, um unser Land aufzubauen«, mahnten die meistgemalten Plakate. In den 1960ern wurden die Botschaften einfacher: »Auf ewig der Partei treu sein« und »Lang lebe die Kulturrevolution«, hieß es allerorts. Bis in die 1970er spielte die Propaganda eine große Rolle, schon weil es wichtig war, die Bevölkerung auf die jeweils aktuelle Kampagne einzustimmen. Und Kampagnen gab es immer wieder: Die Hundert-Blumen-Kampagne, in der die Intellektuellen zur Parteikritik aufgerufen wurden, die Kampagne gegen Rechtabweichler, um diese wieder zum Schweigen zu bringen, die Kampagne zur Ausrottung der vier Plagen und was nicht noch alles. Diese ideologisch überfrachteten Zeiten sind längst vorbei, da scheint es ganz passend, wenn viele der damaligen Slogans heute nur noch verwaschen auf alten Mauern erkennbar sind. Und dennoch: Auch heute noch versucht die Partei, die Menschen auf den aktuellen Kurs einzustimmen. Nur tut sie es sprachlich dezenter. Weniger martialisch heißt es nun: »Lebe den chinesischen Traum« oder »Eine starke Partei bedeutet Glück für China«. Geblieben ist auch der Kitschfaktor: Ein ordentliches Propagandaplakat ist farbenfroh und nur schwer zu übersehen. Auch sollte man sich nicht davon foppen lassen, dass es in der Partei keine Propaganda-Abteilung mehr gibt. Sie wurde in Abteilung für Öffentlichkeitsarbeit umbenannt. Das klingt professioneller, und genauso arbeitet sie auch. *(fh)*

»Für den Fortschritt der Gesellschaft«

92

Pyjama

Hauptsache, gemütlich

睡衣 shuìyī

Chinas Sommer sind schwül und heiß und die städtischen Wohnungen oft eng und stickig. Was läge also näher, als es sich in der Öffentlichkeit gemütlich zu machen?

Weißes Feinripphemd, kurze Hose und eine Klappliege – mehr braucht es in Shanghai, Chongqing oder sonst wo in China nicht, um die abendliche Hitze erträglich zu machen. In den Innenstädten spielt sich das Leben auf der Straße ab, und für eine Partie Karten mit den Nachbarn oder die Lektüre der Abendzeitung lohnt es sich kaum, feine Garderobe anzulegen. In Anbetracht der lockeren Kleiderordnung wundert es nicht, dass hier und da auch Menschen im Schlafanzug auf der Straße sitzen. Der Pyjama ist zwar nicht salontauglich, straßen- und supermarktfähig ist er aber allemal. Schnell noch eine Runde im Nachtdress durch den Carrefour-Supermarkt, so wie auf diesem Bild, ist in China keinen zweiten Blick wert – um die Privatsphäre ist es ohnehin nicht besonders gut bestellt. Der Regierung sind diese Sitten jedoch ein Dorn im Auge, lässt die lockere Kleiderordnung China doch in einem vermeintlich rückständigen Licht erscheinen, so die offizielle Sichtweise. Zur Weltausstellung 2010 rief die Shanghaier Stadtregierung daher zu ordentlicher Kleidung auf. Genützt hat es Gott sei Dank wenig. *(fh)*

93

Qi

Die unsichtbare Kraft

气 qì

Man kann es nicht sehen, spüren oder gar nachweisen – und trotzdem kann es ohne Qi kein Leben geben.

Die Grundlage jeglicher Existenz ist laut Traditioneller Chinesischer Medizin das Qi. Entlang unsichtbarer Bahnen, der Meridiane, durchfließt es den Körper und versorgt die Organe mit Energie. Wehe, es fließt zu viel oder zu wenig Qi, denn dann erkrankt der Mensch! Im Grunde ist es mit Menschen nicht anders als mit Motoren: Egal wie gut die Mechanik oder Elektrik, ohne Kraftstoff geht gar nichts. Ist der Tank erst leer, kommt das Fahrzeug stotternd zum Stehen – genauso wie der Mensch, der ohne den Lebenshauch Qi nicht funktionieren kann. Egal ob in der Ernährung, dem Sport oder den Lebensgewohnheiten: Das wichtigste Ziel ist, das Qi zu nähren. Durch eine ausgewogene Ernährung zum Beispiel, die weder zu viel Yin noch zu viel Yang zuführt. Oder durch die richtigen Qigong- oder Atemübungen. Alte Menschen, die im Park gedankenverloren zwei klimpernde Kugeln in der Hand rotieren lassen, treibt nicht die Langeweile an, sondern der Wunsch, etwas für die Gesundheit zu tun. *(fh)*

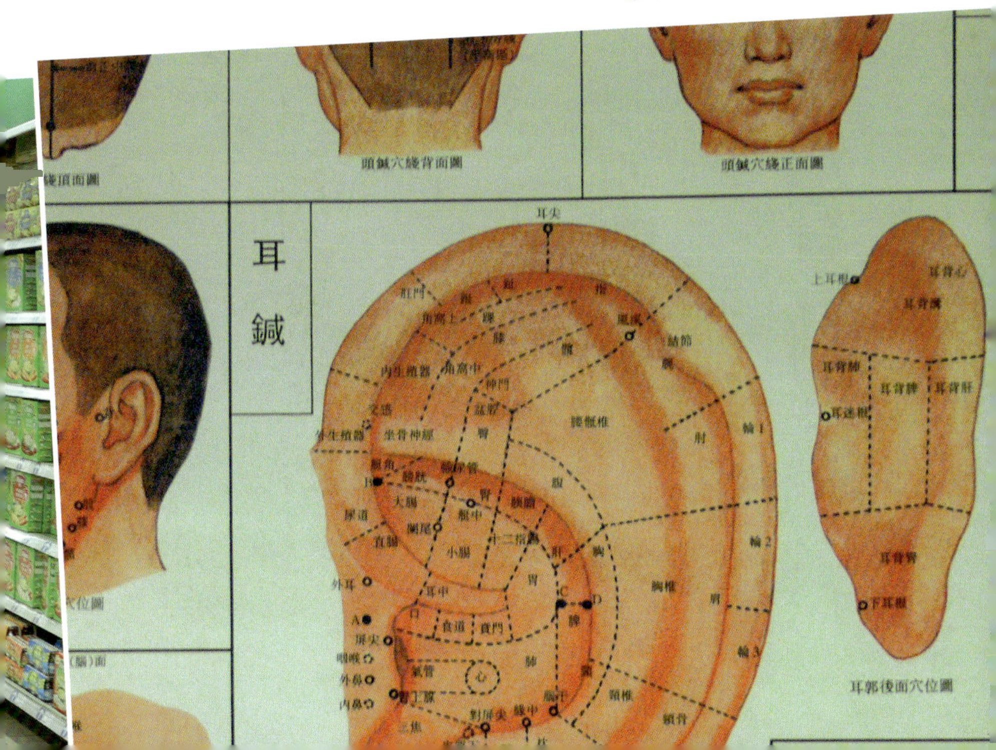

Rauchzeichen

Blauer Luxusdunst

抽烟 chōuyān

Bis vor wenigen Jahren brauchte man auf Reisen durch China einen Rucksack, gute Schuhe und: eine Stange Zigaretten.

»*Chouyan ma?*« – Rauchst du? – war bis in die 1990er-Jahre eine ebenso rhetorische Frage wie das mittägliche »*Chifanle ma?*« – Hast du schon gegessen? Natürlich, konnte die Antwort nur heißen, natürlich habe ich gegessen und natürlich rauche ich! Nicht zu rauchen, hieß, kein richtiger Mann zu sein. Einzig der Hinweis, man hätte aufgehört, ließ die Achtung wieder ein wenig steigen. Denn wer es schaffte, dem blauen Dunst zu entsagen, war dann doch ein Pfundskerl!

Zigaretten waren zudem so etwas wie eine Zweitwährung. Einzelne Zigaretten anzubieten, war als Gesprächsbeginn obligatorisch, ganze Päckchen öffneten so manche Tür und eine ganze Stange importierte Zigaretten zusammen mit einer Flasche seltenem Schnaps machten so manchen Geschäftsabschluss zur reinen Formsache.

Heute ist das alles ein wenig komplizierter. Zwar hat die Volksrepublik mit 350 Millionen Rauchern weiterhin die größte Zahl von Menschen, die dem blauen Dunst frönen, und stellt 42 % der Zigaretten weltweit her. Andererseits gilt ein Rauchverbot in öffentlichen Gebäuden und vielen Restaurants. Viele Chinesen haben in den letzten Jahren das Rauchen aus Gesundheitsgründen aufgegeben.

Trotz alledem sind Nobelmarken wie Good Cat oder Nanjing 95 Imperial, die teilweise mehrere Hundert Euro die Stange kosten, weiterhin ein Statussymbol, so luxuriös, dass die chinesische Regierung erwägt, den Preis von Zigaretten auf umgerechnet 6 Euro pro Schachtel zu begrenzen. Die gute Nachricht für alle Tabakgegner: Oft werden die wirklich teuren Zigaretten gar nicht geraucht, sondern gehen als Geschenk durch so viele Hände, dass sie irgendwann nicht mehr rauchbar sind. *(vh)*

Reform

Als alles anders wurde

95

改革 gǎigé kāifáng

Jahrzehntelang lautete die Devise: »So proletarisch wie möglich«. Unter Mao Zedong war Reichtum verpönt, genauso wie vollendete Tischsitten oder individuelle Interessen.

Doch dann starb Mao Zedong 1976 und Deng Xiaoping setzte sich nach einigem Hin und Her 1978 mit seiner politischen Linie durch. Mit dem Slogan »Reich sein ist glorreich« gab er nicht nur den Startschuss für die Reform- und Öffnungsbewegung *(gaige kaifang)*, sondern läutete auch eine unglaubliche Entwicklung ein. Innerhalb weniger Jahre verdoppelte China sein Bruttosozialprodukt und glänzt seither meist mit wirtschaftlichen Wachstumsraten von mehr als 7 %. Schwerer noch als die statistischen Erfolge wiegt Folgendes: Der Fortschritt war und ist für die Menschen spürbar. Auch die politischen Lockerungen, die damit einhergingen, haben den Alltag der Menschen entscheidend verändert. Seither gilt der Beginn der Reformbewegung als so etwas wie ein offizieller Wendepunkt. Es gibt die Volksrepublik »davor« und die »danach«, was ein wenig irreführend wirkt, weil es den Eindruck erweckt, als hätte Deng Xiaoping 1978 einen Schalter umgelegt. In Wirklichkeit ist die Reformpolitik ein langer Prozess, der nach wie vor anhält und nach dem Trial-and-Error-Prinzip immer wieder verändert wird. Sicher ist: Mit den kommunistischen Idealen aus den ersten Jahren der Volksrepublik hat das heutige China nicht mehr viel am Hut. Ideologische Probleme umschifft man sprachlich mit dem Schlagwort des »Sozialismus chinesischer Ausprägung«, was heute vom gnadenlosen Kapitalismus bis zum Aufbau eines allgemeinen Sozial- und Rentensystems so ziemlich alles umfassen kann und keinerlei Legitimation durch die kommunistischen Urväter Marx, Engels oder Lenin bedarf. *(fh)*

动保障监察条例》、《禁止使用童工规定》,全力维
动保障监察支队 电话:319206
天地

96 Reis
Die Getreide-Diva
饭 fàn

Weiß muss er sein! Mit Vollkornreis braucht man den meisten Chinesen gar nicht erst zu kommen. Erstens schmeckt er viel zu dominant und außerdem klebt er nicht so schön. Die Sache mit dem Klebefaktor ist aber nicht nur eine Frage des Geschmacks: Körnigen Reis mit Stäbchen zu essen, ist eine wahre Sisyphusarbeit.

Obwohl der Reis im Süden des Landes eindeutig Grundnahrungsmittel ist, haben viele Chinesen ein gespaltenes Verhältnis zu ihm. Der chinesische Ausdruck für »essen« *(chī fàn)* bedeutet wörtlich »Reis essen«, fast so, als gäbe es nichts anderes. Andererseits gilt es als unfein, sich mit Reis vollzustopfen: Er wird erst am Ende des Menüs serviert – sehr zur Verwunderung westlicher Gäste, die vergebens auf den Reis warten, um endlich anzufangen. Wer sich bei einer Einladung zu viel Reis in die Schüssel schaufelt, lässt den Gastgeber geizig erscheinen – offensichtlich hat er nicht genug serviert, um die Gäste mit Fleisch und Gemüse zu sättigen. Je teurer das Gelage, desto weniger Reis kommt auf den Tisch, und wer ganz auf ihn verzichten kann, ist ein offensichtlich wohlhabender Mensch. Dennoch ist China derzeit mit rund 200 Millionen Tonnen pro Jahr der weltweit größte Reisproduzent. Wahrscheinlich wurde der Reis sogar erstmals in Südchina domestiziert: Die ersten Spuren domestizierten Reises in Form von fossilen Phytolithen, also organischen Pflanzenresten, stammen immerhin aus dem 14. Jahrtausend v. Chr.

Das (mühsame) Grundprinzip hat sich seither wenig geändert: Die kleinen Reissetzlinge werden separat gezogen und per Hand in das geflutete Feld gesetzt. Für die nächsten 100 bis 200 Tage muss der Bauer darauf achten, dass das Feld in der richtigen Geschwindigkeit durchgespült wird, sodass sich weder Algen bilden noch die Nährstoffe ausschwemmen. Bis zu 5.000 Liter Wasser braucht der Bauer, um 1 Kilogramm Reis zu produzieren! Zur Ernte wird das Wasser abgelassen und der Reis per Hand gemäht – eine echte Knochenarbeit. *(fh)*

97 Reisen auf Chinesisch

Die Masse macht's

旅游团 lǚyóutuán

Hoteliers lieben und fürchten sie: Chinesische Reisegruppen sind lukrativ, weil groß und kauffreudig. Mit Reisenden anderer Nationalitäten sind sie allerdings eher weniger kompatibel.

Längst haben die Deutschen ihren Titel »Reiseweltmeister« abgegeben – an China natürlich. Mehr als 97 Millionen Chinesen machten sich allein 2013 auf den Weg ins Ausland. Es ist also mitnichten Einbildung, wenn viele Sehenswürdigkeiten, von den Tempeln von Angkor Wat bis zu den maledivischen Tauchstationen, fest in chinesischer Hand scheinen. Dass es so viele von ihnen in die Ferne zieht, hat gleich zwei Gründe: Zum einen gibt es einfach viele Chinesen. Obwohl sich derzeit weniger als 10 % der Menschen eine Auslandsreise leisten, stellen sie die größte Gruppe aller Reisenden weltweit. Zum anderen herrscht ein ungeheurer Nachholbedarf: Erst 1997 wurden private Urlaubsreisen ins Ausland legalisiert.

Europa erfreut sich seither als Reiseziel großer Beliebtheit, was sich jedoch nicht nur mit der hohen Kulturdichte erklären lässt. Wo sonst kann man in kurzer Zeit so viele Länder sehen und die persönliche Reisestatistik im Stundentakt verbessern? Die beliebte Route von Deutschland via Benelux nach Frankreich bringt in drei Tagen immerhin satte fünf Länder. Und zahllose Shoppingmöglichkeiten! Mit durchschnittlichen Ausgaben von mehr als 5.700 US-Dollar pro Person und Reise stellen die Chinesen jede andere Nation in den Schatten.

Problematisch bleibt: Der rundum entspannte Umgang mit Hotelregeln und die fröhliche Partystimmung am Frühstücksbuffet sind nicht jedermanns Sache. Viele Hoteliers versuchen daher, von vornherein westliche und chinesische Gruppen räumlich zu trennen. Mittags und abends stellt sich dieses Problem übrigens nicht: Experimentierfreude hin oder her, einzig ein chinesisches Menü geht als anständige Mahlzeit durch. Logisch, dass chinesische Gruppen pünktlich um 12:00 und um 18:00 Uhr im Chinarestaurant aufschlagen. *(fh)*

Carl Zeiss

Re'nao

Heiß und laut

热闹 rè'nao

Die Eigenschaften einer guten Party oder eines gelungenen Ausflugs lassen sich in zwei Silben zusammenfassen: *re'nao.* »Heiß und laut« lautet die wörtliche Übersetzung dieses Begriffs. Besser könnte man den öst-westlichen Gegensatz in Sachen Freizeitgestaltung kaum zusammenfassen.

»Zeit für sich selbst«, »Individualität« und »erholsame Stille« sind Begriffe, die in China eher selten fallen. Spaß beinhaltet in der Regel viele Menschen; je mehr, desto besser. Oder anders herum gesagt: Wenn sonst keiner kommt, dann kann es ja nicht besonders gut sein. Diese Maxime gilt für Ausflugsziele, Urlaubsreisen, Volksfeste, Restaurants ... – also für alles außerhalb der eigenen vier Wände. Ein beliebtes Restaurant kann daher durchaus die Geräuschkulisse einer startenden 747 entwickeln, ohne dass sich irgendeiner der Gäste daran stört. Chinesische Reisende, die aus Europa zurückkehren, sind oft voll des Lobes ob der Landschaft, der historischen Gebäude, des Shoppings und vielem anderen. Und trotzdem: China ist irgendwie doch mehr *re'nao* – langweilen sich die Europäer denn nicht? *(fh)*

99 Fahrrad-Rikscha

Sightseeing auf drei Rädern

三轮车 sānlúnchē

Es stimmt schon: Sie ist das Sinnbild der Ausbeutung. Sich zur Lust am Rikschafahren zu bekennen, ist irgendwie verwerflich, zumindest aus westlicher Sicht. Spaß macht es natürlich trotzdem, damit blitzschnell durch die Gassen zu flitzen, hautnah dem Autoverkehr auszuweichen und zu spüren, wie der Straßenstaub einem ins Gesicht prasselt.

Erfunden wurde die »*Jin-Riki-Sha*« (Mensch-Kraft-Wagen) 1870 in Tokyo. Von hier gelangte sie als »Rikscha« 1874 nach Shanghai, wo menschliche Arbeitskraft kaum einen Pfifferling wert war und daher nur zu gerne für den Transport genutzt wurde. Bald wimmelte es in den Straßen von den wendigen Gefährten, deren Betreiber meist ein elendes Leben führten, wie es der chinesische Literat Lao She 1936 mit dem Roman *Rikscha-Kuli* beschrieb. In den 1920ern kamen erstmals auch Fahrradrikschas auf, was am Los der Rikschafahrer jedoch wenig änderte. Interessanterweise wurde die menschengezogene Rikscha 1950 von den Kommunisten verboten, nicht jedoch die Fahrradrikscha. Dank der Motorrikscha, wie sie findige Konstrukteure in den 1980ern zusammenschraubten, war schließlich Schluss mit der Plackerei. Geholfen hat es wenig: Bis auf einige wenige Exemplare, die meist von Behinderten bedient werden, ist die Motorrikscha längst von der Straße verdrängt worden. Auch die Fahrradrikscha ist heute eher eine Touristenattraktion: Preislich kommt eine Fahrt mit dem Taxi meist sogar günstiger. Mit der Suche nach möglichst umweltfreundlichen Verkehrsmitteln könnte die Fahrradrikscha jedoch bald wieder zurückkehren: Vor allem in den Großstädten liebäugelt die Regierung mit Elektrorikschas. *(fh)*

100 Rockmusik

Der ungeliebte Import

摇滚音乐 yáogǔnyīnyuè

»Doch du lachst mich immer aus – ich hab nichts!« (Cui Jian)

Man nennt ihn den Vater des Rock in China: Cui Jian. Er war einer der Ersten, der Rockmusik nach China brachte und sie, nach vielen politischen Irrungen und Wirrungen, salonfähig machte. Er stand mit den Stones und mit Udo Lindenberg auf der Bühne, seine Musikvideos gewannen Preise und seine Musik wurde 1989 von den Studenten auf dem Platz des Himmlischen Friedens gehört. Zusammen mit Bands wie Heibao, Tang Dynastie und Cobra lieferte er den Soundtrack der 1989er-Generation. Und dennoch: So mancher chinesische Jugendliche würde auf die Frage nach dem »Großvater des Rock in China«, wie ihn kritische Zungen inzwischen despektierlich nennen, schulterzuckend »Cui wer?« fragen. Von 95 % der chinesischen Bevölkerung ganz zu schweigen, die mit Rockmusik sowieso nur wenig anfangen können.

Die Jugend hört inzwischen Punk oder Techno und fast alle Chinesen eint die Liebe zum Kantopop. Von Teresa Teng über Andy Lau bis hin zu Wang Fei schmalzt es durch den Äther und in die Mikrofone der Karaokebars. Hier geht es um Herz, Schmerz, aber zuweilen auch um ernste Themen, wie in der Schnulze *Xiao Feng*, die Mitte der 1990er ein Riesenhit war und die Geschichte einer Liebe während der Kulturrevolution erzählt. Die chinesische Popmusik lehnt sich auch gerne mal an traditionelle Instrumente und Melodien an und wirkt dadurch genuin und massenkompatibel. Rockmusik, den ungeliebten Import aus dem Westen, empfinden viele Chinesen als *luan*, konfus, ungeordnet. Und wer dies in China ausnahmsweise einmal mag, kann gleich Punk werden. *(vh)*

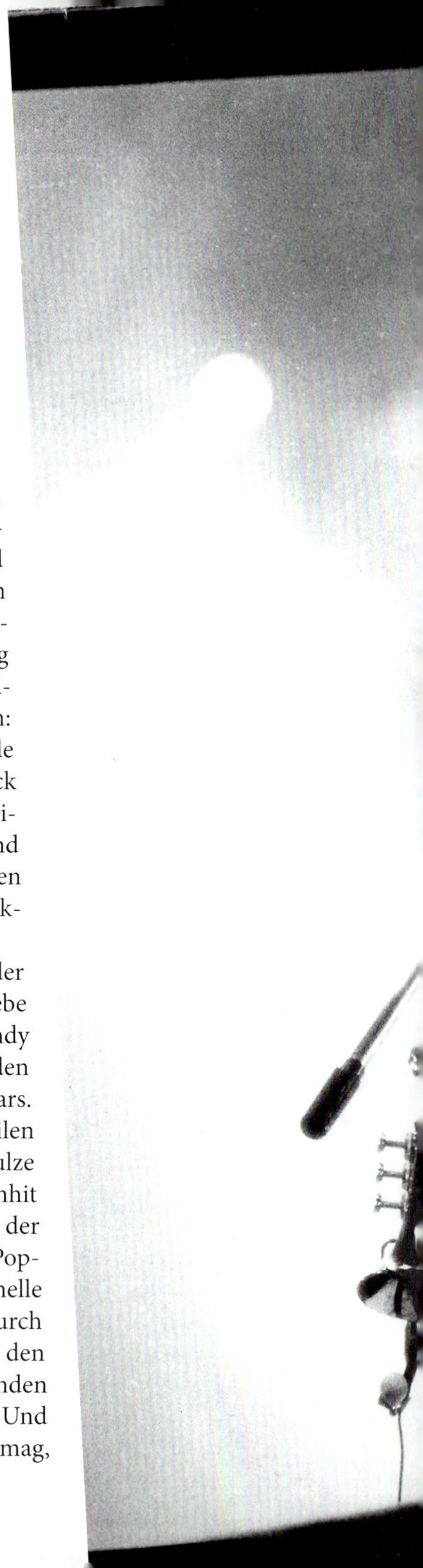

101 Rückwärts laufen

Das nichtkonforme Leben in China

往后退 wănghóu tuì

Peking, Kohlehügel-Park, sechs Uhr früh. Die Vögel zwitschern, der Blick über die Stadt ist nebelverhangen. Von romantischer Stimmung dennoch keine Spur, denn um mich herum tobt eine schier verrückt gewordene Menge. Mindestens fünf ältere Chinesinnen marschieren strammen Schrittes rückwärts durch den Park, andere singen laut und rudern dabei wild mit den Armen, während zwei Meter weiter eine Besucherin immer wieder leise Schreie ausstößt.

Was auf den ersten Blick ziemlich seltsam anmutet, ist nichts anderes als ganz normaler chinesischer Frühsport. Platz ist Mangelware in den chinesischen Großstädten und Privatsphäre auch. Es gibt einfach keine Möglichkeit, sich eine stille Ecke zu suchen. Die Frage, wie es auf andere wirken könnte, wenn man rückwärts durch den Park torkelt, ist unter diesen Vorzeichen sinnlos und so blenden die Besucher sich einfach gegenseitig aus. Für manche ist das Publikum durchaus auch willkommen. Der ältere Herr im Mao-Anzug gehört eindeutig zu jenen, die keine Angst vor Zuschauern haben. Einige kurze Aufwärmübungen, dann geht es richtig zur Sache: Im bunten Wirbel der Stoffbänder springt und tanzt er, dass sich blitzschnell eine kleine Menge bildet – meist ältere Frauen, die ihre Fitnessübungen gerne unterbrechen. Mit ein paar charmanten Sprüchen zieht er sie nach und nach aus der Menge, präsentiert ein paar besonders gewagte Bewegungen und beweist, dass man als alleinstehender Rentner keine Partnervermittlung braucht, wenn das Rhythmusgefühl stimmt. *(fh)*

102

SARS

Schleichkatzenhusten

嚴重急性呼吸系統綜合症 Yánzhòng jíxìng hūxī xìtǒng zònghé zhèng

Im November 2002 traten in Südchina die ersten seltsamen Symptome auf: Husten, Fieber, Atemnot – und die Ärzte waren hilflos. Schnell stellte sich heraus, dass es sich um eine neue Krankheit handelte, die das Potenzial hatte, zu einer verheerenden Pandemie zu werden. Das »Severe Acute Respiratory Syndrome«, kurz SARS, wurde letztlich eingedämmt, sein Ursprung jedoch verursacht bis heute ein wenig Unbehagen.

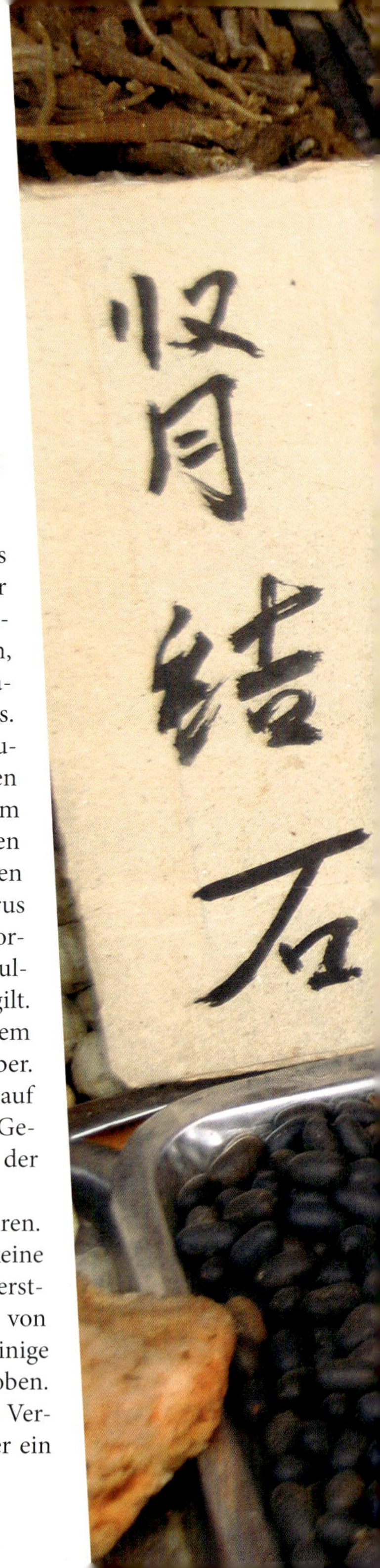

Fast tausend Menschen starben an SARS, bis es im Sommer 2003 dank strenger Isolierung der Kranken eingedämmt werden konnte. Ganz China schien wochenlang gelähmt: Auf den Märkten, in den Restaurants, ja sogar in der U-Bahn waren nur noch einige wenige Menschen unterwegs. Wer konnte, blieb zu Hause. Wer dennoch draußen unterwegs war, versuchte, sich durch Masken zu schützen. Reisende, die mit Fieber oder einem grippalen Infekt an der Grenze auffielen, mussten wochenlange Quarantänezeiten über sich ergehen lassen. Doch woher stammte der seltsame Virus eigentlich? 2003 machte die Weltgesundheitsorganisation schließlich die Schleichkatze als Schuldige aus, die im Süden Chinas als Delikatesse gilt. Wahrscheinlich sprang der Coronavirus von einem der zahlreichen Tiere auf dem Kantoner Markt über. Wildtiere und Menschen begegnen sich hier auf engstem Raum und meist auch auf dem Teller. Geschlachtet wird gleich vor Ort, oft vor den Augen der Kunden.

Die Folgen von SARS sind bis heute zu spüren. Sicher, die meisten Märkte sind noch immer keine Hygieneauszeichnung wert, doch SARS hatte erstmals eindrucksvoll bewiesen, dass der Verzehr von skurrilen Wildtieren greifbare Risiken birgt. Einige der schlimmsten Hygienemissstände wurden behoben. Oder sagen wir es so: All jene, die sich gegen den Verzehr exotischer Wildtiere einsetzen, haben seither ein wirklich gutes Argument. *(fh)*

103

Scharf!

Gaumen in Flammen

辣 là

»Kannst du scharf essen?« »Na klar«, antwortet der Weltenbummler – und quatscht sich um Kopf und Geschmacksknospen.

Historisch gesehen ist der Chili ein relativer Neuling. Es waren die Portugiesen, die die scharfe Schote im 16. Jahrhundert aus Südamerika nach Macau mitbrachten. Von dort aus verbreitete sie sich schnell in ganz China. Vor allem in den heutigen Provinzen Sichuan und Hunan wurde die neue Zutat mit Begeisterung aufgenommen. Der Grund ist einfach: Seit jeher zeichnet sich die südwestliche Küche durch Gerichte aus, deren Schärfe auch Chinesen aus anderen Provinzen den Atem raubt. Schuld ist das feucht-heiße Wetter. Geht es nach der Traditionellen Chinesischen Medizin, wirkt sich das Klima negativ auf die Yin-Kräfte des Körpers aus. Also muss von außen »heiße« Yang-Nahrung zugeführt werden, denn ein Ungleichgewicht führt sonst unweigerlich zu Krankheiten. Bis zur Ankunft des Chilis war es vor allem der Sichuan-Pfeffer *(huajiao)*, der das nötige Geschmacksfeuer verursachte. Heute werden beide Gewürze kombiniert, denn sie ergänzen sich vorzüglich: Vom Sichuan-Pfeffer betäubt, ertragen die Geschmacksknospen die Schärfe des Chilis besser. Eine Versuchsreihe des University College London belegte diese These: In der Tat konnten die Probanden bei geschlossenen Augen den Effekt des Sichuan-Pfeffers nicht von einer mechanischen Stimulation unterscheiden. Bei aller Liebe zur Schärfe: Egal ob Chili oder Sichuan-Pfeffer, scharfes Essen steht im Ruf, Pickel zu verursachen. Vor wichtigen Terminen verzichten daher viele Chinesinnen bewusst auf beide Gewürze. *(fh)*

104 Schräge Snacks

Mehr als Hunde und Schlangen

吃得怪 chīdéguài

Fiffi grinst mich an. Das wäre nett, läge sein abgetrennter Kopf nicht in einer Süß-Sauer-Soße auf meinem Teller.

In China essen sie Hunde. Auch so ein Vorurteil, das sich hartnäckig hält. Dabei sind die Connaisseurs des »Duftfleisches«, wie Hundefleisch auf Chinesisch genannt wird, vor allem in Korea und Vietnam zu finden. Allenfalls die Kantonesen wissen den Hund als Snack zu schätzen, aber die essen der Legende nach sowieso alles!

Kein Hund also, aber wem sich bei Fiffi der Magen umdreht, der wird in China auch anderswo fündig. Wie wäre es mit Skorpion am Spieß? Gesottenen Seidenraupen? Lebend frischen Shrimps? Letzteres ist wörtlich zu nehmen. Die Schalentiere kommen in einer Glasschale auf den Tisch, krabbeln noch kurz wild durcheinander – und werden dann mit einer warmen Knoblauch-Chili-Essig-Soße übergossen. Dann wird die Schale für ein paar Minuten mit einem Deckel geschlossen, ein wenig zuckt und hüpft es noch, dann ist Ruhe in der Marinade. Nur die hartnäckigsten Tiere bewegen sich beim Draufbeißen immer noch.

Wem dies zu skurril ist oder wem bei der Vorstellung schlecht wird: Es gibt auch weniger ekelige Snacks, von denen es sich zu Hause gut erzählen lässt. Hühnerkrallen zum Beispiel, die zusammen mit einem frisch gezapften Qingdao-Bier wunderbar zur Fußballübertragung im Fernsehen schmecken. Frittierte Wespenwaben, bei denen die krossen Maden eine leicht honig-nussige Verbindung mit den knusprigen Wabenwänden eingehen. Lotuswurzeln kann man kandieren, dünsten und frittieren, und Hundertjährige Eier sind in Essig, Chili, Knoblauch und Ingwer zubereitet tatsächlich eine Delikatesse. Ein Problem hat der mutige Chinareisende allerdings, sollte er Gefallen an den Nuancen der chinesischen Küche finden: Keinen dieser Snacks gibt es zu Hause beim Chinesen um die Ecke! *(vh)*

曲奇

105 Schriftzeichen

Muss das wirklich sein?

字 zì

Ein Blick in eine chinesische Zeitung lässt jeden potenziellen Lernenden wanken: Kann man diese Schrift wirklich lernen? Und warum benutzen die Chinesen nicht einfach ein Alphabet?

Die chinesische Schrift entstand wahrscheinlich zur Zeit der Shang-Dynastie (16.–11. Jahrhundert v. Chr.). Zumindest stammen die ältesten Schriftzeugnisse aus dieser Dynastie. Ursprünglich handelte es sich um kleine Bilder, die konkrete Begriffe darstellten und in der Wahrsagerei verwendet wurden. Später wurden neue Begriffe zusammengesetzt: Aus Sonne 日 und Mond 月 wurde das Wort »morgen« 明, aus dem Mensch 人 und dem Baum 木 das Wort »ausruhen« 休. Doch auch mit dieser Methode ließen sich nicht alle Wörter abbilden. Man ging also dazu über, ein Zeichen zu verwenden, das so ähnlich klang wie das Wort, das man schreiben wollte, und setzte ein anderes Teilzeichen davor, das die neue Bedeutung anzeigte. So wurde aus 昌 *chāng* (blühend) mit dem »Mund« 口 das Wort 唱 *chàng* (singen) oder mit dem Teilzeichen »Hund« das Wort 猖 *chāng* (rasend). Allerdings veränderte sich die Aussprache über die Jahrhunderte, während die Zeichen gleich blieben.

Der Vorteil der chinesischen Zeichenschrift ist zugleich auch ihr Nachteil: Die Zeichen sind unabhängig von der Aussprache. Egal welchen chinesischen Dialekt man spricht, die Zeichen sind dieselben. Kaiserliche Anordnungen und offizielle Dokumente konnten also überall im Reich verstanden werden – ein Umstand, der für den Zusammenhalt des Reiches sicherlich förderlich war. Außerdem gibt es im Chinesischen viele gleichlautende Wörter, sodass es schwierig sein kann, einen in Lautschrift geschriebenen Text eindeutig zu verstehen. Andererseits bedeutet dies, dass man die Aussprache der Zeichen auswendig lernen muss. Dass man Chinesisch überhaupt mit Zeichen schreiben kann, liegt daran, dass es eine »isolierende« Sprache ist. Das heißt, es gibt keine Wortendungen, die sich verändern. Ein bisschen ist das so, als spräche man mit dem Wortstamm, ohne ihn anzupassen. *(fh)*

老字號
南詔茶莊
南詔玉

106 Shangri-La

Paradies aus der Retorte

香格里亚 xiānggélǐyà

Lange wurde gestritten und diskutiert, bis 2001 die Regierung per Dekret entschied: Das mythische Shangri-La liegt im Kreis Diqing im äußersten Norden der chinesischen Provinz Yunnan.

Eine utopische Gesellschaft, in der östliche und westliche Weisheit eine perfekte Einheit eingehen. Dies ist das Shangri-La aus der Feder des britischen Schriftstellers James Hilton, dessen 1933 veröffentlichter Roman *Verlorener Horizont (Lost Horizon)* sich den tibetischen Mythos vom Land des reinen Buddhismus *(Shambala)* aneignet. Der Roman erlangte Weltruhm, wurde verfilmt und Shangri-La stand seitdem für ein verborgenes Paradies im Himalaya.

Mit der touristischen Öffnung Chinas in den 1980er-Jahren begann auch der Streit um den wahren Ort Shangri-La. Nicht weniger als fünf Regionen in Yunnan, Sichuan und Tibet stritten um das Privileg, sich Shangri-La nennen zu dürfen. Die Kriterien waren: hoher Schneeberg, tibetische Bevölkerung, christliche Einflüsse. All dies traf auf Diqing zu. Vor allem hatte die Region im nahe gelegenen Mekong-Tal mit dem Dorf Cizhong eine christliche Kirche zu bieten, deren Ikonografie christliche und buddhistische Themen vermischt.

2001 wurde Diqing in Shangri-La umbenannt, in der Verwaltungshauptstadt Zhongdian wichen neue, moderne Häuser Gebäuden im traditionellen Stil. Teile der Bevölkerung durften sich für touristische Zwecke in Tracht schmeißen, alte Klöster wurden wiederaufgebaut und neue auf dem Reißbrett entworfen. Heute hat die Stadt etwas Disneyhaftes. Das wahre Shangri-La, so die Legende, lässt sich geografisch jedoch nicht zuordnen. Meinen auch Teile der Bevölkerung und wunderten sich nicht, als eine neu aufgebaute riesige Sakralfigur im Hauptkloster der Stadt gleich dreimal kollabierte. Dass im Januar 2014 auch noch große Teile der Altstadt einem Großbrand zum Opfer fielen, schien den Aberglauben zu bestätigen. Das Paradies bleibt doch besser unverortet! *(vh)*

107 Shikumen

Wohnen in Reih und Glied

石库门 shíkùmén

Wer glaubt, Reihenhäuser gäbe es nur im Westen, der irrt: Mit den *shikumen* hat die Stadt Shanghai eine ganz eigene Architektur geschaffen, die möglichst viele Menschen auf engem Raum beherbergt.

Die 1860er waren für Shanghai eine turbulente Zeit, nicht nur dank des ausufernden Partylebens. Rund um die Stadt tobte die Taiping-Rebellion, die in ganz China mehr als 20 Millionen Menschenleben kostete. Kein Wunder, dass sich Tausende von Chinesen in die ausländischen Siedlungsgebiete flüchteten. Allein zwischen 1855 und 1862 stieg die Zahl der chinesischen Bewohner der sogenannten Konzessionen von 500 auf gut 300.000! Schnell wurde der Wohnraum knapp, sodass die Stadtregierung mit neuen Siedlungsformen zu experimentieren begann. Besonders der britische Konsul Harry Smith Parkes engagierte sich sehr für bessere Wohnbedingungen und hatte schließlich die zündende Idee: Entlang gerader Straßen wurden sogenannte *lilongs* geschaffen, kleine parallele Gassen mit wiederum abzweigenden Wohnanlagen, die jeweils durch Mauern von der Umgebung abgetrennt waren und nur durch ein oder zwei große Eingangstore betreten werden konnten – eine Art chinesische Reihenhaussiedlung. Sie verfügten nach chinesischem Stil über einen kleinen Innenhof, Erdgeschoss und einen ersten Stock. Oft waren die Räume hintereinander angereiht, wobei Ausstattung und Größe je nach Lage und Baujahr variierten. Ihren Namen erhielten die Häuser nach dem steinernen Torbogen (so die Übersetzung des Begriffs *shikumen*), der meist mit westlichen Motiven verziert war. Das Modell *lilong* war außerordentlich erfolgreich: Schon in den 1930ern bestand mehr als die Hälfte des städtischen Baulandes aus *Shikumen*-Häusern. Viele von ihnen sind mittlerweile der Abrissbirne zum Opfer gefallen, die übrigen sind jedoch, sofern renoviert, als städtische Reihenhäuser hoch begehrt. *(fh)*

108

Shopping

Nationalhobby und Leidenschaft

购物 gòuwù

Wer behauptet, in China gäbe es keinen Massensport, hat einfach keine Ahnung: In den Disziplinen Shopping und Handeln spielt das Reich der Mitte in der Spitzenklasse.

»Die Geschäfte sind bei euch sonntags geschlossen? Ehrlich?«, fragte mich eine erstaunte Bekannte in Shanghai. »Ist das nicht unglaublich langweilig?« Einkaufen ist der meisten Städter größtes Glück, und auch Besucher vom Lande, die sich die satten Preise der Kaufhäuser nicht leisten können, schlendern zumindest abends an den Schaufenstern entlang und träumen vom Reichtum, der all die Verlockungen in Reichweite bringen könnte. Die Idee eines einkaufsfreien Sonntags stößt daher in China auf genauso wenig Gegenliebe wie das Konzept der Ladenschlusszeiten. Was bitte soll man denn dann in der Freizeit unternehmen? In den Innenstädten ist bis in die späten Abendstunden die Hölle los – und das, obwohl es die Chinesen zum Einkaufen längst nicht mehr nur in die Innenstädte treibt: Rund 1,7 Billionen Renminbi (also ca. 200 Milliarden Euro) gaben die Chinesen 2013 im Internet aus, und das ist erst der Anfang eines gewaltigen Booms. Konventionelle Geschäfte müssen sich in Anbetracht der virtuellen Konkurrenz mitunter außergewöhnliche Serviceangebote einfallen lassen. So haben zahlreiche Kaufhäuser in China sogenannte »Ehemänner-Garderoben« *(laogong jicunchu)* eingerichtet. Frauen können hier ihre genervten Ehemänner abgeben und noch eine ausgiebige Runde durchs Einkaufszentrum drehen, während die erschöpften Gatten sich bei Tee, Internet und Snacks die Zeit vertreiben. *(fh)*

冠龍照相器材

109 Smog

Wenn der Durchblick fehlt

烟雾 yānwù

Von der Dachterrasse meines Wohnheimes sollte man bei gutem Wetter die Verbotene Stadt sehen. Vier Monate nach meinem Einzug war es dann so weit. Ich konnte, im Dunst verschwommen, die Dächer des ehemaligen Kaiserpalastes erkennen.

Das war 1994. Smog war kein Thema in Peking. Sondern ein Dauerzustand. »Atemmaske? Braucht man nicht. Unsere Ärzte kennen sich mit Krebstherapie aus, machen sie ja tagein, tagaus!«, beruhigte mich ein chinesischer Kommilitone. »Zwei Jahre in Peking und deine Gesundheit ist für immer ruiniert!«, raunte sich die Ausländergemeinde zu, ging dann aber ähnlich schicksalsergeben mit dem Dauersmog um wie die chinesischen Kollegen. Nur bei wichtigen Staatsbesuchen, Besichtigungsterminen des IOC und zum Nationalfeiertag staunte man über die klare Luft und den blauen Himmel. Für ein paar Tage mussten alle abgasintensiven Fabriken in Peking und Umgebung schließen. Das reichte für gute Luft. Mit Abreise des wichtigen Gastes aus Peking ging das Gequalme dann wieder los.

Heute ist es nicht mehr so einfach. Die meisten Fabriken der Hauptstadt haben zwar längst ihre Tore schließen müssen, dafür quälen sich heute 6 Millionen Autos durch den Pekinger Dauerstau. Dazu kommen im Winter der Ruß der Kohleheizungen und im Frühling die Sandstürme der Gobi. Schwer zu sagen, ob der Smog heute schlimmer ist als in den 1990ern. Nur werden heute die Umweltdaten genauestens aufgezeichnet, die chinesischen Medien haben das Thema aufgenommen und auch der Durchschnittschinese mag sich nicht mehr mit dem Dauerdreck abfinden. Fast 100 Milliarden Euro wird Peking bis 2017 für die Verbesserung der Luftqualität ausgeben, verkündete der Pekinger Bürgermeister Wang Anshun Anfang 2014. Eine verzweifelte Maßnahme in verzweifelten Zeiten! *(vh)*

110 Sport

Dabei sein ist gar nichts

运动 yùndòng

1993, bei der Verkündung der Olympiastadt 2000. »Wir danken allen Bewerbern, allen voran Peking ...« Chen Xitong, damaliger Bürgermeister und Ehrengast, sprang begeistert auf und jubelte. Er konnte kein Englisch und dachte bei der Nennung seiner Stadt, Peking hätte gewonnen.

Chens peinlicher Auftritt als »Jubelchinese« hatte Folgen. Halb China, des Englischen genauso wenig mächtig, folgte seinem Jubel. Und erwachte ein paar Minuten später mit einem großen mentalen Kater. Ein paar Jugendliche brachten sich aus Enttäuschung um. Der Stachel der Niederlage saß tief.

Nach der erfolgreichen Bewerbung für Olympia 2008 sollte diese Niederlage wettgemacht werden. 100 chinesische Goldmedaillen waren das Ziel, 40 Milliarden Dollar wurden für Sportstätten und Infrastruktur ausgegeben, das Jahresbudget in den Jahren vor 2008 hatte sich mit 714 Millionen Dollar fast verdoppelt. Die Welt sollte China endlich ernst nehmen. Sportliche Erfolge sollten die Größe der chinesischen Nation in die Welt tragen. Nur dabei sein – das kam nicht infrage.

Das wurde 2008, Peking war nun endlich Olympiastadt, deutlich, als sich Liu Xiang, Olympiasieger von 2004 und haushoher Favorit auf den Olympiasieg über 110 Meter Hürden, im Vorlauf verletzte. Tränenreich entschuldigte sich erst Liu, dann sein Trainer vor laufender Kamera und der entsetzten chinesischen Öffentlichkeit. Im entscheidenden Moment Schwäche zeigen – das geht gar nicht in China. Dass es am Ende nur 51 Goldmedaillen wurden, sah man im Reich der Mitte als Enttäuschung. Immerhin, der große Rivale USA (36 Goldmedaillen) wurde deutlich distanziert. Wenn jetzt nur die Fußballnationalmannschaft endlich einmal Weltmeister würde ... *(vh)*

OK

111

Spucken

Ohne Worte …

吐痰 tǔ tán

»Bitte nicht auf den Boden spucken«, mahnen Verbotsschilder überall im Land. Was übrigens ein echter Euphemismus ist. Gemeint ist das ordinäre Rotzen. Dies wiederum ist sprachlich nicht einmal verbotsschildtauglich.

Körperschleim muss beseitigt werden – in dieser Hinsicht sind sich Ost und West noch einig. In den Fragen des Wie und Wohin allerdings schon nicht mehr. Greift der Westler in China zum Papiertaschentuch, schnäuzt sich gar bei Tisch und steckt es – der Ekelsuperlativ – hinterher wieder in die Hosentasche, finden das die meisten Chinesen ziemlich abstoßend. Andersherum werden Ausländer aber auch mit der östlichen Methode nicht so richtig warm: Mit einem staubsaugerartigen Geräusch heißt es da die Nebenhöhlen vom Schleim befreien und das Produkt in hohem Boden auf die Straße spucken. Dies übrigens gerne auch aus dem fahrenden Bus, wie Radfahrer immer wieder zu berichten wissen.

Die gute Neuigkeit ist: Es ist weniger geworden. Zahlreiche Kampagnen und saftige Strafen haben in Großstädten wie Shanghai und Peking dafür gesorgt, dass nicht mehr ganz so freizügig gerotzt wird. Vor allem seit der Olympiade 2008 – man fürchtete um das Ansehen Chinas – hat die Sitte dank strenger Kontrollen arg nachgelassen. In den Städten, wie gesagt. Auf dem Lande findet man hier und da sogar noch die alten emaillierten Spucknäpfe. Im Umgang mit ihnen gibt es nur eine einzige Regel: NIEMALS HINEINSCHAUEN! *(fh)*

勿随地吐痰
SPITTING

112 Stäbchen

Niemals senkrecht!

筷子 kuàizi

Die gute Neuigkeit ist: Mit Stäbchen essen ist nicht schwer. Die schlechte ist: Wer es nicht beherrscht, verhungert vor der vollen Schüssel.

Wer in China unterwegs is(s)t, kommt nicht drumherum: Jenseits der Ausländerhotels wird selbstverständlich mit Stäbchen gegessen.

Doch warum eigentlich? So ganz genau weiß man es bis heute nicht. Wahrscheinlich liegt es ganz profan daran, dass Brennholz in China seit jeher knapp war. Energiearm kochen lautete die Devise der chinesischen Köche, die daher mit möglichst klein geschnittenen Zutaten arbeiten – was immerhin auch geschmacklich überzeugt. Sicher ist: Die Stäbchen sind schon ziemlich lange in Gebrauch. Bereits im 2. Jahrtausend v. Chr. fischten die Chinesen ihre Mahlzeiten mit Zweigen aus dem gemeinsamen Topf.

Nachlässig gespült sind die Holzstäbchen übrigens ein wahres Paradies für Bakterien. Noch vor wenigen Jahren propagierte die chinesische Regierung daher den Gebrauch von Einwegstäbchen. Rund 45 Milliarden solcher Einwegstäbchen verbraucht China pro Jahr, dazu kommen noch einmal rund 15 Milliarden, die in andere asiatische Länder exportiert werden. Aus ökologischer Sicht eigentlich unhaltbar. 2006 schwenkte daher auch die chinesische Regierung wieder um und führte eine Fünf-Prozent-Einwegstäbchen-Steuer ein, um den Verbrauch zu bremsen.

Egal ob Einweg oder nicht, ein wenig Übung braucht es schon, bis Fleisch- und Gemüsestückchen nicht mehr auf der Hälfte des Weges zum Mund auf dem Pullover landen. Meist sind diese Kleckerunfälle jedoch der falschen Technik geschuldet. Richtig ist: Mit der linken Hand wird die Schüssel unter das Kinn geklemmt, während die rechte Hand mit den Stäbchen den Inhalt schaufelt.

Der größte Fauxpas an den Stäbchen wäre jedoch nicht, sich zu bekleckern, sondern die Stäbchen senkrecht in den Reis zu stecken. So werden nur die Speisen am Ahnenaltar serviert, was wiederum den Tod an den Tisch ruft – sehr zum Entsetzen aller Chinesen in der Runde, denen diese Vorstellung einen Schauer über den Rücken jagt. *(fh)*

福
POW SING RESTAURANT

TZ
TOP ZONE CONSTRUCTION
&
ENGINEERING PTE LTD

113 Stau

Nichts geht mehr

堵车 dǔchē

Den Fehler, morgens um acht Uhr in ein Pekinger Taxi zu steigen, begeht man nur einmal: Es ist die teuerste Ruhepause, die man sich in China leisten kann. Zur morgendlichen Rushhour steht die Hauptstadt still. Und nicht nur Peking: In praktisch allen Großstädten kommt der Verkehr regelmäßig zum Erliegen.

An schlechten Tagen geht die morgendliche Rushhour nahezu nahtlos in die abendliche über. Der Grund dafür ist schnell erzählt: Die Wachstumsraten des chinesischen Automarkts lassen jeden Kfz-Hersteller vor Glück aufseufzen. Musste man in den 1980ern noch ziemlich lange warten, um einem Privatwagen zu begegnen – der Besitz eines eigenen Autos war ein Privileg, das praktisch nur Parteikadern zustand –, waren es 2013 schon 150 Millionen Kraftfahrzeuge. Jeden Tag kommen rund 50.000 neue hinzu. Und weil die meisten Mittelständler nun mal in den Städten leben, steigt dort die Zahl der Autofahrer besonders schnell. In Peking konkurrieren mittlerweile 6 Millionen Autos um nicht einmal 1 Million Parkplätze. Viele Städte sind längst dazu übergegangen, nur noch abwechselnd Autos mit ungeraden und geraden Zahlen auf dem Nummernschild fahren zu lassen. Gleichzeitig wird die Zahl der Neuzulassungen beschränkt. So werden in Peking nur 240.000 Neuzulassungen pro Jahr verlost, in Tianjin werden nur noch 100.000 neue Nummernschilder ausgegeben, die teils verlost, teils versteigert werden. Doch nicht nur die Städte trifft es. Auch auf den vergleichsweise neuen Autobahnen geht hin und wieder nichts mehr. Legendär und weltweit unübertroffen ist der Megastau vom August 2010. Auf der Staatsstraße G110 von Peking nach Ningxia stand der Verkehr sage und schreibe 10 Tage lang auf einer Länge von 120 Kilometern still, während sich die Anwohner der Straße mit Snacks und kalten Getränken eine goldene Nase verdienten. *(fh)*

114 Stempel

Mal richtig Eindruck hinterlassen

章 zhāng

Die wichtigste Information über chinesische Stempel ist in keinem Kulturführer zu finden: Die rote Stempelfarbe hinterlässt Flecken von einer Hartnäckigkeit, vor der selbst die aggressivste Waschpaste resigniert.

Und das ist natürlich gewollt, denn Stempel sind mehr als nur dekorative Farbflecken auf Kalligrafie und Bilderrollen. Bis heute kommt persönlichen Namensstempeln dieselbe Rolle wie einer Unterschrift zu. Sprich: Dort, wo man im Westen mit dem Namen unterschreibt, wird in China oft noch mit einem kleinen persönlichen Stempel gezeichnet – auf der Bank zum Beispiel. Logischerweise sollte man seinen Stempel daher auf keinen Fall verlieren. Noch prekärer wäre es allerdings, den Firmenstempel aus der Hand zu geben. Wer ihn besitzt, ist automatisch berechtigt, Entscheidungen für die Firma zu fällen, oder anders gesagt: Wer stempeln darf, hat auch Prokura. In der Kunst wiederum stempeln nicht nur die Künstler selbst ihre Werke, sondern auch die Sammler. Eine Reihe von Stempeln bekannter Kunstmäzene lässt daher auf den Wert und die Echtheit des Kunstwerkes schließen. Obwohl Stempel in China auf eine lange Geschichte zurückblicken können – sie waren bereits in der Shang-Dynastie (16.–11. Jahrhundert v. Chr.) bekannt –, hat ihre Bedeutung in den letzten Jahren erheblich nachgelassen: Immer öfter wird der rote Abdruck von der Unterschrift, wie sie auch im Westen gang und gäbe ist, abgelöst. Teuer sind Stempel übrigens nicht: Für wenige Yuan fertigen professionelle Schnitzer innerhalb von Stunden Speckstein- oder Plastikexemplare an. Künstlerisch Berufene versuchen sich gerne auch selbst in der Schnitzkunst. Doch Achtung: Selbst geschnitzte Stempel aus ausländischer Hand sehen grundsätzlich dilettantisch aus. Sollten Sie für Ihre Stempelkunst gelobt werden, dann nur, weil es einfach goldig ist, wie sich der Ausländer bemüht – und doch kläglich scheitert. *(fh)*

115

Stinktofu

Harzer Roller auf Chinesisch

臭豆腐 chòu dòufǔ

Liebhaber des Stinktofu müssen nie lange suchen: Der Abendwind trägt ihnen auf jedem Nachtmarkt die Wegbeschreibung zum nächsten *Chou-doufu*-Stand zuverlässig zu.

China-Neulinge halten den leichten Gammelgeruch, der über die meisten chinesischen Nachtmärkte weht, meist für die Ausdünstungen der Kanalisation. Doch weit gefehlt. Die abgestandene Brise stammt vom *chou doufu,* dem Stinktofu. Seinen Namen trägt er zu Recht: *Chou doufu* ist nichts anderes als vergorenes Eiweiß, und das riecht bekanntlich nicht sehr ansprechend – erst recht nicht, wenn man es frittiert. Das finden auch die Chinesen, die sich deshalb beim Essen mit dem Rücken zum Wind stellen. *Chou-doufu*-Händler gehören zu den ganz wenigen auf dem Nachtmarkt, die akustisch nicht auf sich aufmerksam machen müssen, denn ihre Präsenz lässt sich nicht verleugnen. Dass man den Stinktofu ausschließlich auf Nachtmärkten und an Straßenständen findet, hat einen guten Grund: Ihn zu Hause zuzubereiten, dürfte nicht nur die direkten Nachbarn in den olfaktorischen Wahnsinn treiben, sondern auch noch jene, die zwei Straßenzüge weiter leben.

Ein einheitliches Rezept zur Herstellung gibt es übrigens nicht: Jeder *Chou-doufu*-Hersteller schwört auf seine eigene, natürlich geheime Mixtur. Meist enthält die Lake aber milchsaure Enzyme. Welche Gewürze noch dazu kommen, ist eine Geschmacksfrage: getrocknete Meeresfrüchte, Fünf-Gewürze-Pulver ... Auch wie lange der Tofu nun fermentiert, variiert je nach Hersteller. Bis zu sechs Monate lässt man die Mikroorganismen arbeiten, die den Tofu in eine Stinkbombe verwandeln. Sicher ist daher: *Chou-doufu*-Hersteller liegen immer ein wenig außerhalb der Stadt, denn der Geruch der fermentierenden Tofukrüge ist nichts für geruchsempfindliche Menschen. Und für alle anderen eigentlich auch nicht. Einen Versuch ist der *chou doufu* aber allemal wert: Abertausende von Chinesen können nicht irren ... *(fh)*

116

Straßenverkehr

Die Anarchie des Alltags

道路交通 dàolù jiāotōng

Die meisten ausländischen Unternehmen untersagen ihren Angestellten in China kategorisch, sich selbst hinters Steuer zu setzen. Aus gutem Grund: In den Unfallstatistiken liegt China derzeit an der Weltspitze.

Man kann für teures Geld zum Bungeespringen gehen. Oder sich in China eine Busfahrkarte für eine Serpentinenstrecke kaufen. Wer den Abenteuergehalt dieses Unterfangens dosieren will, muss zwei Grundsätze beachten. 1. Je abgelegener die Strecke, desto atemberaubender das Erlebnis. 2. Je weiter nach Süden, desto weniger wird gebremst. Die erste Reihe mit Vollsicht auf den entgegenkommenden Verkehr sollte man sich dabei nur als besonders nervenstarker Mensch gönnen. Verkehrsregeln sind in China bestenfalls als Vorschlag zu werten: Durchgezogene Linien scheinen chinesische Autofahrer erst recht zum Beweis zu animieren, dass man hier sehr wohl überholen kann. Man muss halt schnell sein.

Eigentlich gibt es nur zwei grundlegende Regeln, die immer Anwendung finden: Der Größere hat recht – und der Ausländer ist schuld. Was übrigens nichts mit Rassismus zu tun hat, sondern mit der simplen Gewissheit, dass Ausländer wahrscheinlich genug Geld haben, eventuelle Schäden oder Wiedergutmachungen wirklich zu zahlen. Das kommt den Verkehrsopfern natürlich entgegen, die dafür auch schon mal ordentlich an der Wahrheit schrauben. Wenn sie den Unfall denn überleben. Offiziell sind es rund 70.000 Verkehrstote jedes Jahr, bei rund 150 Millionen zugelassenen Kraftfahrzeugen. Eine realistischere Schätzung der Weltgesundheitsorganisation aus dem Jahr 2011 kommt allerdings auf 220.000 Tote bei damals rund 120 Millionen Fahrzeugen. Egal wer recht hat, für einen Platz ganz oben in der weltweiten Statistik langen die Zahlen allemal. Der Grund dafür ist wahrscheinlich einfach mangelnde Fahrpraxis. Bis vor wenigen Jahren waren Autos noch echte Luxusartikel und kaum jemand besaß einen Führerschein. Im Grunde muss man sich China als einen gigantischen Verkehrsübungsplatz vorstellen ... *(fh)*

»Nicht vergessen: Autofahren ist gefährlich«

117 Taiji

Die mit den Fäusten kämpfen

太极拳 tàijíquán

Frühmorgens geht es in China zur Sache: Überall im Land stehen die Menschen auf den Straßen und in Parks, um schweigend »den Tiger zu umarmen«, »Berge zu schieben«, »den Bogen zu spannen, um den Tiger zu erschießen« und »die Mähne des Wildpferds zu teilen«.

Gefahren birgt der Tigerkontakt nicht: Hinter den illustren Begriffen verbergen sich nichts anderes als die Bewegungsabläufe des Taijiquan, im Westen oft auch unter der Umschrift Tai Chi bekannt – oder als Schattenboxen.

Wie die martialischen Begriffe schon andeuten, ist das Taiji im Grunde eine Kampfsportart: Die Verwandtschaft mit dem Kung-Fu ist offensichtlich. Ums Kämpfen geht es hier trotzdem schon lange nicht mehr. Die hohe Kunst des Taiji ist es, die fließenden Bewegungen langsam und perfekt auszuführen. Konzentration, Meditation und Körperbeherrschung spielen daher eine weitaus größere Rolle als bloße Muskelkraft. Die braucht man allerdings auch, denn Taiji ist anstrengender, als es aussieht. Die vermeintliche Mühelosigkeit, die fließenden Bewegungen sind das Ergebnis jahrelanger Übung. Als gesundheitsfördernde Übung ist Taiji wahrscheinlich schon seit dem 17. Jahrhundert Teil der chinesischen Kultur, über den genauen Ursprung gibt es jedoch keine gesicherten Erkenntnisse.

Egal ob auf der Shanghaier Bund-Promenade oder im Park nebenan, Mitsportler sind willkommen. Wer es selbst ausprobieren möchte, muss nur eines können: Früh aufstehen, denn nach sieben Uhr sind die Schattenboxer garantiert wieder verschwunden. Dass vor allem Senioren im typischen schlabbrigen Taiji-Anzug vertreten sind, hat einen simplen Grund: Alle anderen haben einfach keine Zeit und sind schon längst auf dem Weg zur Arbeit. *(fh)*

113

Taikonauten

Symbole des Fortschritts

太空人 tàikōngrén

Taikonauten? Noch vor wenigen Jahren hätten Chinesen bei diesem Ausdruck wahrscheinlich ein wenig verblüfft dreingeschaut: *Yuhangyuan* lautete der korrekte Begriff, und so wird er meist auch in den chinesischen Medien verwendet.

Seit Beginn der Raumfahrt lässt sich die Nationalität eines Weltraumfahrers sofort am Namen erkennen: Während Astronauten meist für die amerikanische NASA oder einen anderen westlichen Staat tätig waren und sind, hoben sich die sowjetischen Kosmonauten schon sprachlich vom Klassenfeind ab. Als China zu einem ernst zu nehmenden Player in der Raumfahrt wurde, lag es nahe, auch für die chinesischen Wie-auch-immer-nauten einen eigenen Begriff zu schaffen: den Taikonauten, der 1998 erstmals in den Medien auftauchte. Er leitet sich vom hochchinesischen *taikong,* Weltraum, ab. Den Weg nach China fand der Begriff erst einige Zeit später als sprachlicher Re-Import: Neben dem klassischen Ausdruck *yuhangyuan* wird nun hin und wieder auch von *taikongyuan* (*yuan* bezeichnet eine Person, die einer im vorangestellten Ausdruck definierten Beschäftigung nachgeht) oder *taikongren* (Weltall-Mensch) gesprochen.

Egal unter welchem Namen, die Raumfahrt ist in China der Inbegriff des Fortschritts. Schon in den 1970ern, als Mond und Sterne noch in weiter Ferne lagen, waren Raumfahrer ein beliebtes Plakatmotiv. Heute verzeichnet China eine ganze Reihe von Erfolgen, wie den ersten bemannten Flug der Raumfähre Shenzhou 5 im Jahr 2003 und den Start von Shenzhou 6 im Jahr 2005, der optimistisch live im Fernsehen übertragen wurde. Bis 2020 soll sogar eine chinesische bemannte Raumstation entstehen. Die meisten Chinesen sind stolz auf ihre Raumfahrt: Die echten Taikonauten Yang Liwei (Shenzhou 5), Fei Junlong und Nie Haisheng (beide Shenzhou 6) sind auf jeden Fall jetzt schon echte Volkshelden. *(fh)*

119 Taitai

Die heimliche Herrscherin im Haus

太太 tàitai

Eigentlich ist *taitai* die ganz normale Anrede für eine verheiratete Frau. Und doch schwingt in diesem Wort noch eine Menge unterschwelliger Bedeutungen mit …

Chinesische Frauen gelten im Ausland als anschmiegsam und wenig emanzipiert – was natürlich auf einer völligen Fehleinschätzung basiert. Nach der Hochzeit mutiert manch ein vermeintlich hilfloses und zerbrechliches Geschöpf zu einem anspruchsvollen Drachen, der jede berufliche Betätigung von sich weist. Aus gutem Grund: Die *taitai* sieht sich eher als eine Art Trainerin des Ehemannes, der durch stetige Ermahnungen zu Höchstleistungen angespornt werden muss: Wo bleibt die Beförderung? Wieso verdient der Nachbar mehr? Und wieso reicht es noch nicht zu einem Porsche-Zweitwagen? Sie selbst widmet sich derweil ausgiebigen Shoppingtouren, wedelt mit der Platin-Kreditkarte und terrorisiert die Hausangestellten.

Natürlich ist die *taitai* ein überzeichnetes Klischee, das in der Realität wahrscheinlich weitaus seltener anzutreffen ist, als der Volksmund zu wissen glaubt. Schon allein deshalb, weil es eines vermögenden Mannes bedarf, der die *taitai* aushält – und davon gibt es auch im modernen China nicht endlos. Ganz ohne Basis ist es aber wohl nicht: In der Literatur und in zeitgenössischen Filmen spielt die *taitai* eine große Rolle – und das nicht erst seit heute … *(fh)*

120 Taiwan

Die abtrünnigen Chinesen

台湾 Táiwān

Taiwan? Gehört zu China, ist doch klar! Lange Zeit war man auch auf der anderen Seite der Taiwanstraße dieser Meinung, wenn auch unter anderen politischen Vorzeichen: Noch bis in die 1990er gab es auf der Insel eine voll ausgereifte Infrastruktur zur Verwaltung aller Provinzen, inklusive zahlreicher Beamter, die jahrzehntelang tatenlos vor leeren Schreibtischen saßen und wahrscheinlich alle an Langeweile verstarben.

Nach dem Ende des chinesischen Bürgerkriegs zwischen Kommunisten und Nationalisten 1949 hatten sich Letztere auf die Insel Taiwan zurückgezogen und traten fortan als »Republik China« auf, die jedoch nach der volksrepublikanisch-US-amerikanischen Annäherung 1971 zugunsten der Volksrepublik aus der UNO ausgeschlossen wurde. Seither ist die Volksrepublik die offizielle Vertretung Chinas und Taiwan ... ja was eigentlich?

Mehr als zwei Drittel der Taiwaner sprachen sich bei einer Umfrage der National Chengchi University für die vollständige Unabhängigkeit vom Festland aus. Dort allerdings will man solche Bestrebungen keinesfalls dulden und droht mit Krieg, sollte sich Taiwan offiziell abwenden. De facto agiert die Insel seit 1949 wie ein unabhängiger Staat, tut sich jedoch auf dem internationalen Parkett schwer: Staaten, die Taiwan anerkennen, brechen damit automatisch die diplomatischen Beziehungen zur Volksrepublik ab.

Warum gerade diese Insel unbedingt zu China gehören muss, hat viele Gründe. Nicht zuletzt möchte man in Peking kein Exempel für eine Unabhängigkeit schaffen. Die ethnischen Han-Chinesen machen zwar rund 93 % der Bevölkerung aus, ihre Siedlungsgebiete aber nur 60 % des volksrepublikanischen Territoriums – hier lauert viel Stoff für potenzielle Konflikte. Außerdem wächst hier ein Modell heran, das der Kommunistischen Partei durchaus gefährlich sein könnte. Taiwan beweist, dass allgemeine freie Wahlen möglich sind. Jenseits der politischen Ebene verläuft das Nebeneinander recht harmonisch: Rund 170.000 Taiwaner leben in der Volksrepublik, während umgekehrt mehr als 2,8 Millionen festländische Touristen jedes Jahr die Insel besuchen. *(fh)*

节后滑雪温泉
大降价!
更多
全国 [更改]
地图
卫星
三维
路况
常州市
南通市
马鞍山市
芜湖市
苏州市
上海
铜陵市
宣城市
湖州市
安庆市
杭州
黄石市
舟山市
宁波市
九江市
黄山市
浙江省
景德镇市
金华市
衢州市
江西
南昌
台州市
上饶市
丽水市
抚州市
温州市
宜春市
吉安市
南平市
宁德市
福建省
福州
赣州市
莆田市
台
台北
龙岩市
泉州市
新竹县
湾
漳州市
梅州市
海
台湾省
南投县
河源市
揭阳市
澎湖县
嘉义县
惠州市
台南市
汕尾市
高雄县
港特别行政区
区
东沙群岛

Taxi

Sightseeing am laufenden Meter

出租汽车 chūzū qìchē

Ein gutturales *»Qu narrrrrr«*, mit lange nachhallendem End-R, dem Kunden meist durch ein halb geöffnetes Seitenfenster zugeschrien, ist immerhin ein Zeichen, dass der Fahrer sich für den potenziellen Kunden interessiert: »Wohin?«, heißt das übersetzt, und damit fängt das eigentliche Problem erst an.

Stadtkenntnis scheint in China nicht zum Anforderungsprofil eines Taxifahrers zu gehören. Zur Verteidigung der Taxifahrer sei bemerkt, dass es sicherlich kein leichtes Unterfangen ist, sich professionell in einer Stadt zurechtzufinden, in der über Nacht ganze Häuserblocks verschwinden und andere Stadtteile neu entstehen, mit neuen Straßen, Parks und Restaurants, die wiederum potenzielle Taxiziele sind.

Stadtkenntnis hin oder her, eins sollte sich der Taxikunde aber auf jeden Fall von vornherein abschminken: eine Straße als Ziel anzugeben. Taxifahrer orientieren sich an Sehenswürdigkeiten, Tempeln, Behörden, Restaurants und Stadttoren, auch wenn Letztere schon lange nur noch dem Namen nach existieren. Recht selten greifen chinesische Chauffeure auf die durchaus auch in China gängigen Navigationsgeräte zurück. Diese würden ja den kürzesten oder schnellsten Weg anzeigen und da sei der Gott des Reichtums vor! Die sprachunkundige Langnase ist nun mal ein bevorzugtes Opfer für eine kleine Extrarunde.

Vor allem in kleinen Städten sollte sich der Reisende folglich auf gewisse Verständigungsprobleme und auf den einen oder anderen Umweg einstellen. Für den ersten Taxikontakt, der meist am Flughafen Peking erfolgt, hilft folgende Faustregel: Der Weg in die Innenstadt verläuft nicht über den sechsten Autobahnring, auch wenn der Taxifahrer dies vehement behaupten sollte. Und spätestens beim Anblick der Chinesischen Mauer sollte man besser eine neutrale Person nach dem Weg fragen. *(vh)*

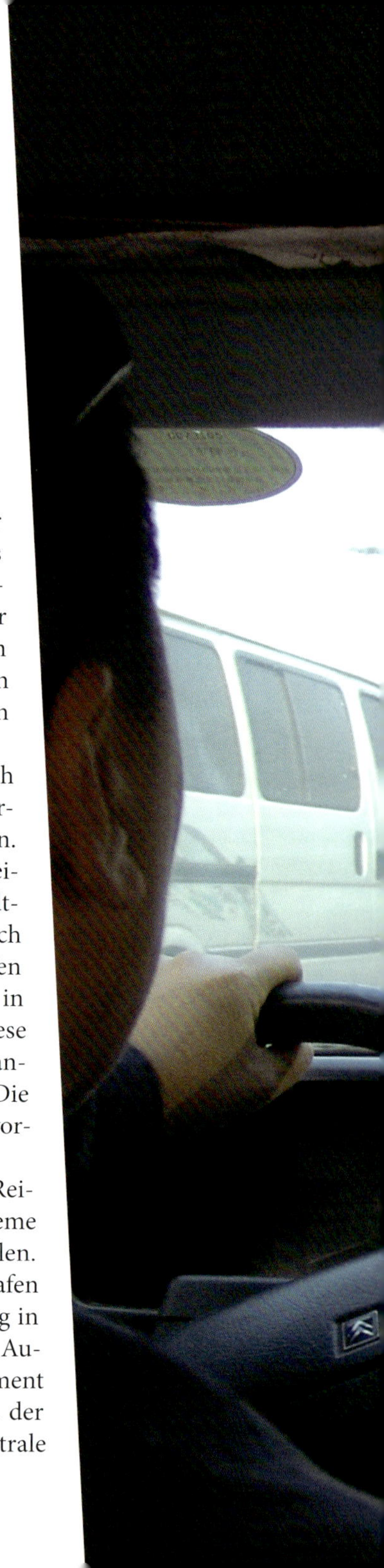

19.00
10:14
DIGITAL CLOCK

122 Tee

Mehr als nur ein Getränk!

茶 Chá

Ein Grand Cru wird in China zuweilen mit Sprite aufgegossen. Aber Zucker und Milch in den Tee – da hört der Spaß auf!

Tatsächlich kann man in China für einen besonderen Tieguanyin oder einen alten Pu'er-Teeziegel durchaus den Gegenwert eines Spitzen-Bordeaux anlegen, zuweilen auch mehr! Das teure Blatt landet dann mit ziemlicher Sicherheit auch erst einmal im Keller oder in der Vitrine und wird nur zu besonderen Anlässen hervorgeholt. Dass Pu'er-Tee für Nichtinitiierte ein wenig nach alten Socken schmeckt, tut dem Genuss keinen Abbruch. Schließlich ist es vor allem der Status, der hier zelebriert wird: Seht her, ich kann es mir leisten!

Fast 1,5 Millionen Tonnen Tee werden in der Volksrepublik China jedes Jahr geerntet, davon mehr als 1 Million Tonnen für den eigenen Verbrauch. Vor allem Grüntee und der halb fermentierte Oolong werden in China getrunken. Schwarztee ist in China so gut wie unbekannt, auch wenn in den meisten westlichen Hotels ein Beutel Lipton in der Teekanne vor sich hingammelt. Schwarztee, gar im Beutel, fassen die meisten Chinesen nur mit spitzen Fingern an – kein Wunder, besteht er eigentlich nur aus Blattstaub, dem durch die vollständige Oxidation (Fermentierung) alle Vitamine und Nährstoffe abhandengekommen sind. Dagegen ein Longjing-Tee aus Hangzhou, womöglich noch dazu aus der Frühlingsernte – da wird selbst Wang Normalverbraucher schwach! Auch wenn Kaffee und Bier die Trinkgewohnheiten im Reich der Mitte immer mehr beeinflussen: Für eine gute Tasse Tee lassen die meisten Chinesen immer alles stehen und liegen! In der verschließbaren Glasflasche haben die meisten ihren Tee ohnehin immer dabei. Denn im Teehaus kann der Genuss durchaus eine teure Angelegenheit werden. Preise ab 10 Euro für ein Kännchen sind die Regel. Immerhin: Heißwasser gibt es für so viele Aufgüsse wie gewünscht! *(vh)*

123 Terrakotta-Armee

Standesgemäßer Einzug ins Jenseits

秦始皇兵马俑 Qínshǐhuáng bīngmǎyǒng

Ein sympathischer Mensch war er nicht: Schon zu Lebzeiten ließ Qin Shi Huangdi nicht nur jeden beseitigen, der seine Macht infrage stellen könnte, er ordnete sogar an, sämtliche philosophischen Werke zu verbrennen, die nicht seinen Ansichten entsprachen. Als megalomaner Herrscher verheizte er seine Untertanen in gigantischen Bauprojekten und machte ihnen das Leben zur Hölle.

In den Geschichtsbüchern kommt der erste Kaiser Chinas jedoch oft gar nicht so schlecht weg – kein Wunder, schließlich hat er der Nachwelt einiges hinterlassen, was heute noch die Touristen verzückt: In einem gigantischen Großprojekt ließ er beispielsweise alle bereits existierenden Wallanlagen an der Nordgrenze zu einer einzigen langen Mauer verbinden. In nur 17 Jahren entstanden so 1.900 Kilometer des Bauwerks, das unter dem Namen »Große Mauer« heute noch den Westen fasziniert. Mehr als eine Million Arbeiter, meist Gefangene und Zwangsrekrutierte, verheizte er dabei, selbst einmaliges Zuspätkommen auf der Baustelle wurde mit dem Tode bestraft. Auch seine Grabstätte nahe dem heutigen Xi'an, die er bereits zu Lebzeiten errichten ließ, stellte alles bisher Gewesene in den Schatten: Tausende von lebensgroßen tönernen Soldaten sollten Qin Shi Huangdi im Jenseits Macht und Einfluss sichern. Sie alle erhielten dabei individuelle Gesichter, die wahrscheinlich nach den Vorbildern der echten Leibgarde geformt wurden.

Das eigentliche Grab des Qin Shi Huangdi ist übrigens bis heute nicht geöffnet worden. Aus gutem Grund: Sind die überlieferten Beschreibungen des Historikers Sima Qian korrekt, dürfte die Konservierung alle heutigen wissenschaftlichen Möglichkeiten übersteigen. Unter anderem soll der Sarg des Kaisers in einem Schiff auf einem See aus Quecksilber schwimmen, während die Kuppel des Grabes mit Sternen aus Edelsteinen geschmückt ist. *(fh)*

124 The west is the best!

Chinas Modernisierungsdebatte

西化 xīhuà

»Nur die totale Verwestlichung kann China retten!« (Liu Xiaobo, Friedensnobelpreisträger 2010)

Mitte des 19. Jahrhunderts lag China endgültig danieder. Eine korrupte Verwaltung, verschwendungssüchtige Kaiser und Beamte, Aufstände und schließlich die Ankunft des militärisch und technisch fortschrittlicheren Westens an den Küsten Chinas hatte das einst so stolze Land zu Fall gebracht. Während sich konservative Gelehrte in dieser Zeit auf die Größe der chinesischen Kultur beriefen und alles Westliche ablehnten, setzte sich angesichts der Überlegenheit des Westens bei vielen Intellektuellen die Gewissheit durch, dass nur die totale Verwestlichung das Land vor dem Untergang retten könnte. Seitdem sind die Fronten verhärtet, mal findet die eine These mehr Anhänger, mal die andere. Auch die Mischung aus beiden wird immer wieder versucht, meist unter der These »Das Chinesische als Essenz, das Westliche für die praktische Anwendung«. Von den frühen Reformern des 19. Jahrhunderts unter Kang Youwei bis zu Sun Yat-sen, von der 4.-Mai-Bewegung 1919 über die Kommunistische Partei bis hin zur Bewegung von 1989: Die Diskussion dreht sich immer um die Frage, wie westlich China werden darf oder muss. Wie kann sich China modernisieren, um zur alten Stärke und Macht zurückzufinden?

Wer heute durch China reist, wird sich bei dem Gedanken ertappen, die Verwestlichung wäre schon vollkommen. Die Skylines chinesischer Städte wirken amerikanischer als das Original, westliche Produkte beherrschen die Schaufenster und die städtische Lebensweise unterscheidet sich kaum von der in den Metropolen des Westens. Bildungs- und Rechtssystem, Verkehrsplanung und Wirtschaftspolitik, all das orientiert sich an westlichen Vorbildern. Wobei die meisten Chinesen zu Recht einwenden werden, dass Fortschritt und Modernisierung universelle Phänomene sind und der Westen bestenfalls die technische Blaupause dazu liefert. Und bei deren Umsetzung, so die inzwischen weitverbreitete Meinung, darf der Westen gerne auch mal China als Vorbild nehmen! *(vh)*

装 修 照
As Usual
m lovin' it
就 喜 欢
当劳®
常 营 业
餐请上二楼
WHAT A
OF?

125 Tian

Die Himmelsmacht

天 tiān

Selbst Atheisten wie Mao Zedong hatten Respekt vor dem Himmel, denn ohne das Mandat des Himmels kann sich kein Herrscher auf Erden behaupten.

Die Idee von *tian* als einer Art oberster Gottheit stammt aus der Zeit der Zhou-Dynastie: Der Herrscher galt als »Sohn des Himmels«, der selbstverständlich die oberste Stellung in der Gesellschaft einnahm. Dieses »Mandat des Himmels«, *tianming*, kam freilich mit Verantwortung daher. Der Himmelssohn sollte das Gleichgewicht zwischen Himmel und Erde wahren, für seine Untertanen und für das Reich sorgen. Tat er dies nicht, konnte er das Mandat auch wieder verlieren. Naturkatastrophen wie Überschwemmungen oder Erdbeben kündigten das Ende seiner Herrschaft an.

Ganz so abwegig, wenn auch nicht wirklich transzendental, ist diese Vorstellung nicht: Im chinesischen Kernland rund um den Gelben Fluss war es unerlässlich, dass sich der Herrscher intensiv um die Wasserregulierung kümmerte. Selbst kleinste Schwachstellen in den Dämmen des Gelben Flusses konnten zu verheerenden Katastrophen führen, was in der Tat das Ende der jeweiligen Dynastie einläutete. Oder andersherum gesagt: Wer die Flüsse beherrschte, konnte sich des Mandats des Himmels sicher sein. Auch Mao Zedong inszenierte sich gerne als Herrscher der Flüsse: 1966, auf dem Höhepunkt der Machtkrise zwischen den Realpolitikern um Deng Xiaoping und den Hardlinern um Mao, schwamm Mao unter großer Medienbeachtung einige Kilometer im Yangzi – in einem Land, in dem bis heute viele Menschen nicht schwimmen können, durchaus eine gewagte Angelegenheit. Die unterschwellige Botschaft war klar: Wer Chinas größten Fluss beherrscht, lässt sich auch politisch nicht die Butter vom Brot nehmen. Kurze Zeit später zettelte er die Kulturrevolution an – und konsolidierte seine Macht für die nächsten zehn Jahre. *(fh)*

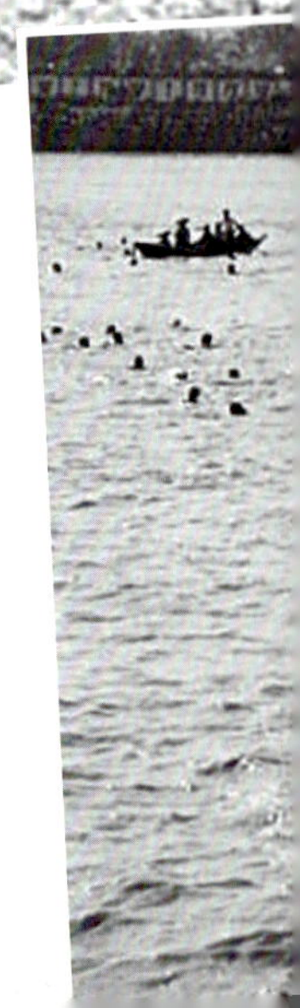

万寿无畺
毛主席万岁！

126 Tian'anmen

Der Platz des Himmlischen Friedens

天安门广场 Tiān'ānmén guǎngchǎng

Alle wichtigen politischen Ereignisse im China der letzten 100 Jahre hatten ihr Zentrum auf dem Platz des Himmlischen Friedens.

Der Status des Platzes des Himmlischen Friedens als wichtigster Dreh- und Angelpunkt der chinesischen Geschichte ist kein Zufall. Am Südtor, dem namensgebenden Tor des Himmlischen Friedens *(Tiān'ānmén)* der Verbotenen Stadt gelegen, galt er seit der Ming-Dynastie (1368–1644) als Zentrum des Landes. Bis zum Ende des Kaiserreiches war Normalsterblichen der Zutritt zu Teilen des Platzes verboten, südlich des heute nicht mehr existierenden zentralen Tores entwickelte sich ein äußerst lebhafter Markt, der in das Geschäfts- und Vergnügungsviertel um die Dazhalan-Gasse überging.

Am 4. Mai 1919 war der Platz Zentrum der 4.-Mai-Bewegung. China hatte im Versailler Vertrag die Hoheit über die ehemaligen deutschen Pachtgebiete in der Provinz Shandong nicht zurückerlangt. Über 3.000 Studenten demonstrierten auf dem Platz des Himmlischen Friedens und erzwangen so umfassende politische und kulturelle Reformen, die die Grundlage des heutigen China bildeten. Am 1. Oktober 1949 verkündete Mao Zedong auf dem Tian'anmen die Gründung der Volksrepublik China, um dann während der Kulturrevolution an gleicher Stelle mehr als eine Million junger Rotgardisten erst auf die permanente Revolution und dann auf die Verschickung aufs Land vorzubereiten. Am 4. April 1976 nutzten Tausende Demonstranten den chinesischen Totengedenktag und protestierten, offiziell zu Ehren des kurz zuvor verstorbenen Ministerpräsidenten Zhou Enlai, gegen die Politik der Viererbande. Am 4. Juni 1989 schließlich kumulierten die monatelangen Proteste der chinesischen Studenten auf dem Platz des Himmlischen Friedens in der blutigen Niederschlagung der Bewegung.

Heute ist der Platz des Himmlischen Friedens eher eine Touristenattraktion als ein Ort für politische Proteste, allein schon weil die Überwachung auf dem Platz sämtliche Aktionen bereits im Ansatz unterdrückt. *(vh)*

岁
世界人民大

127

Tibet

Schwarz-Weiß-Malerei im Himalaya

西藏 Xīzàng

Nichts sprengt eine Sinologenparty so nachhaltig wie eine Diskussion über Tibet. Während die einen schon beim ersten Chinabesuch die verbotenen Dalai-Lama-Bilder in Tibet verteilt haben, verstehen die anderen die Zerstörung des traditionellen tibetischen Feudalsystems durch die Chinesen als großen Segen. Irgendwann stehen dann der Brief des aktuellen Dalai Lama mit den »besten Wünschen an den großen deutschen Führer Adolf Hitler« dem Genozid am tibetischen Volk argumentativ gegenüber.

Zwischen »brutaler Besetzung« und »friedlicher Befreiung« Tibets durch die Chinesen gibt es kaum Platz für Zwischentöne. Dabei nennt selbst der Dalai Lama das eigene Regime vor dem Einmarsch der chinesischen Volksbefreiungsarmee 1951 ungerecht und oppressiv. Und es gibt wohl keinen Chinesen, der die während der Kulturrevolution begangenen Verbrechen in Tibet gutheißen würde. Man wird einige Tibeter treffen, die die chinesische Herrschaft als das kleinere Übel betrachten, und Chinesen (wenn auch nur äußerst wenige), die eine größere Autonomie Tibets fordern.

Darum geht es aber eigentlich gar nicht. Tibet war immer Spielball ausländischer Mächte, sei es im *Great Game,* dem strategischen Kampf zwischen Großbritannien und Russland um die Vorherrschaft in Zentralasien im 19. Jahrhundert, sei es als Puffer zwischen China und Indien. Und Tibet war auch immer Projektion der eigenen Wünsche und Sehnsüchte. Von den ersten Abenteurern, die im 19. Jahrhundert Lhasa erreichten, über die Reisen Alexandra David-Néels bis zu den von Himmler geförderten Expeditionen Ernst Schäfers auf der Suche nach den Protoariern: Tibet wurde nie als Realität, sondern immer als Projektionsfläche wahrgenommen.

Dagegen hilft eigentlich nur eines: selbst hinfahren! *(vh)*

123

Toiletten

Immer der Nase nach

厕所 cèsuǒ

Wahrscheinlich sind Wasserklosetts eine chinesische Erfindung: Schon im ersten Jahrhundert vor Christus ließ sich der Han-Prinz Liang eine luxuriöse Toilette mit Spülung in sein Mausoleum bauen. Die meisten modernen chinesischen Toiletten sind dennoch eine furchterregende Angelegenheit.

Mundschutz? Toilettenpapier? Desinfektionstücher? Schlüssel? Wer sich in China auf dem Lande auf die öffentliche Toilette begibt, tut gut daran, alle Utensilien griffbereit zu halten. Die meisten Hocktoiletten stellen westliche Besucher nicht nur vor orthopädische Herausforderungen, sie sind auch olfaktorisch keine Freude. Oder um es direkt zu sagen: Sie stinken zum Himmel. Auch Chinesen ziehen sich gerne mal einen Schal übers Gesicht, um den letalen Dämpfen zu entgehen.

Toilettenpapier ist auf öffentlichen Toiletten eher selten. Aus gutem Grund, denn sie sind nicht in der Lage, die Papiertücher wegzuspülen. Benutztes Wischwerk gehört daher nicht ins Klo, sondern in den Plastikeimer daneben. Die Gelegenheit, ihn genauer zu studieren, ergibt sich ja ohnehin, denn in der erforderlichen Hockposition kommt man ihm näher, als man es sich je gewünscht hätte. Mangels Eimer werfen viele Besucher das Papier in die hinterste Ecke. Wohin auch sonst? Einstecken und mitnehmen ist in diesem Fall wohl keine Alternative. Die Sache mit den Desinfektionstüchern erklärt sich von selbst. Nur den Schlüssel, den braucht man auf der Toilette eigentlich nicht. Später allerdings schon. Weil er in der Hocke aber gerne aus der Hosentasche rutscht und sich mit Geklapper ins sanitäre Nirwana verabschiedet, stecken ihn die Profis vorher in die Hand- oder Brusttasche. *(fh)*

129 Tongzhi

Von der seltsamen Karriere des »Genossen«

同志 tóngzhì

Bis Ende der 1980er war alles ganz einfach: Mit der Anrede »Genosse« lag man immer richtig. Heute macht man selbst alten Parteimitgliedern damit keine Freude mehr.

Schuld daran sind wahrscheinlich einige Spaßvögel der Hongkonger Schwulenszene: In den 1990ern kam dort der Begriff »Genosse« als ironische Anrede auf. Schnell eroberte er den gesamten chinesischen Sprachraum, sehr zum Unbill der »echten« Genossen.

Nun ist China wahrlich kein schwulenfreundliches Land. Homosexualität stand lange unter Strafe und auch wenn sich die Menschen in den Städten mittlerweile offener geben und Metropolen wie Peking und Shanghai längst auch Schwulenbars kennen, haftet der Homosexualität noch immer ein Stigma an. Der Druck, allen Neigungen zum Trotz zu heiraten und Kinder zu bekommen, ist noch immer groß. Historisch war dies nicht immer so. Gleichgeschlechtliche Liebesbeziehungen galten bis zur Qing-Dynastie als gesellschaftlich akzeptabel und keinesfalls anstößig. Mit der »Befreiung« 1949 begann für die Homosexuellen Chinas jedoch eine dunkle Zeit. Als »geistig verschmutzt« gebrandmarkt, galten sie als dekadent – ein Urteil, das lebensgefährlich sein konnte. Vor allem aber wurde die gleichgeschlechtliche Liebe auch per Gesetz verboten. Eindeutige Strafen gab es jedoch nicht, sodass das Gesetz willkürlich ausgelegt wurde. 1997 wurde es abgeschafft und 2001 strich der Staat Homosexualität auch von der Liste der Geisteskrankheiten. *(fh)*

130 Tor zur Hölle

Treppauf ins Fegefeuer

鬼门关 Guǐménguān

Ein jeder Mensch, so der chinesische Glaube, muss nach seinem Tod in der Hölle beim Höllenkönig vorsprechen. Je nach Auftreten und Sündenregister verbringt der Verblichene eine begrenzte Zeit in der Hölle, erleidet spezifische, den Sünden angemessene Qualen und trinkt dann den Trank des Vergessens, um als Tier, Mensch oder Geist wiedergeboren zu werden.

Anders als in der christlichen Mythologie liegt die Hölle aber nicht unbedingt unter der Erde. Da die Hölle in China sowieso nach dem Vorbild der menschlichen Gesellschafts- und Herrschaftsstrukturen aufgebaut ist, macht es durchaus Sinn, dieser auch einen genauen Ort zuzuweisen. Die zweifelhafte Ehre, Sitz der »Hölle auf Erden« zu sein, wurde im 2. Jahrhundert unserer Zeitrechnung der Stadt Fengdu am Oberlauf des Yangzi zuteil. Das macht die Stadt seit Jahrhunderten zu einem Touristenmagneten. Ein Besuch zu Lebzeiten in der Geisterstadt konnte die Bürokratie des Jenseits gnädig stimmen, und die lebhaften Darstellungen der Höllenqualen im Gipfeltempel sind Ausblick und Abschreckung zugleich. Wem in aller Ausführlichkeit und ohne Beschönigung dargestellt wird, was ihn für Ehebruch, Diebstahl und Völlerei im Jenseits erwartet, der mag durchaus nach einem Besuch in Fengdu auf dem Tugendpfad wandeln. Eine gute Basis für Albträume ist eine Visite in der Stadt allemal. Es sei denn, man ist Restaurantbesitzer oder Souvenirhändler an der Zufahrtsstraße zur Geisterstadt ... *(vh)*

131

Totengeld

Taschengeld für Opa

纸钱 zhǐqián

Wer in Fernost seinen Vorfahren Gutes tun will, lässt ihnen per Feuer »Totengeld« zukommen. Meist ist es in US-Dollar oder Euro ausgestellt, Währungen, denen man auch im Jenseits einen guten Umtauschkurs zutraut.

Das Jenseits ist im Grunde auch nicht anders als das Hier und Jetzt. Wer viel hat, der kann sich was leisten. Damit die verstorbenen Ahnen auch dazugehören und im Jenseits nicht darben müssen, schicken ihnen die Nachfahren die nötigen Mittel. Geld zum Beispiel. Oder eine Waschmaschine, ein Fahrrad, Kleidung ... Auch ein neues Tablet weiß man im Reich der Toten zu schätzen. Weil die Originale nun doch ein wenig zu teuer wären, begnügt man sich mit Nachbildungen aus Papier. Packenweise wird das Totengeld in der Nähe der Tempel verkauft. Wo man es verbrennt, ist im Grunde egal: Die Geldanweisung per Feuerpost funktioniert ortsunabhängig, auch wenn es sich um Haushaltsgeräte aus Pappe handelt. Meist opfert man den Ahnen jedoch zu hohen Feiertagen – und natürlich zu Qingming, dem Totenfest.

Ganz uneigennützig ist dieser Brauch nicht: Vernachlässigte Ahnen können höchst unangenehm werden! Versäumen es die Nachfahren, den Toten in Ehren zu halten und vor allem auch im Jenseits zu versorgen, dann findet die Seele keinen Frieden. Zwischen Diesseits und Jenseits gefangen, zieht sie ruhelos umher, verursacht als Dämon Unfälle und bringt Unglück über die Familie – und wen sie sonst noch so trifft. Dies gilt übrigens auch für die Opfer von Gewalttaten und für Menschen, die zum Todeszeitpunkt noch die eine oder andere Rechnung offen hatten. *(fh)*

Transport

Einer geht noch

132 运输 yùnshū

Zwanzig Stühle auf einem Fahrrad? Kein Problem, zumindest in China. Übervolle und aufregend wackelige Transportkonstruktionen sind des Touristen liebstes Fotomotiv. Chinesen sehen es gelassen: Das ging doch bisher auch immer gut …

Die meisten rollenden Wunderwerke entstehen aus der interessanten Kombination aus mangelndem TÜV, zu wenig modernen Transportmöglichkeiten und einem gewissen Sportsgeist: Wäre doch gelacht, wenn man nicht doch noch ein riesiges Bündel Altpapier auf das bereits überladene Gefährt packen könnte!

Natürlich sind es immer die alten, rostigen Räder oder Lieferwagen, die mit physisch schier unmöglicher Beladung auffallen. Logisch, denn all jene, die sich ein modernes Gefährt leisten können, verfügen auch über die Logistik, ihre Waren schnell und effizient zu transportieren.

Leider beschränkt sich der sportliche Ansatz nicht nur auf den Warentransport. Was bei zehn Kubikmetern Rattanmöbeln oder Papierschachteln noch irgendwie lustig aussieht und im schlimmsten Fall eine Kreuzung mit verlorener Ladung blockiert, wird im Personenverkehr schnell zur Katastrophe. Überfüllte Schulbusse sind beispielsweise keine Seltenheit. Einige spektakuläre Unfälle der letzten Jahre brachten Zustände zutage, die selbst hartgesottene Anhänger der Wird-schon-gut-gehen-Theorie schlucken ließen. Als im November 2011 ein Kindergartenbus in der Provinz Gansu verunglückte, zählte die fassungslose Polizei 62 Kinder in einem für neun Passagiere ausgelegten Auto. Für 20 von ihnen kam jede Hilfe zu spät. *(fh)*

133 Tuan

Nicht ohne meine Gruppe

团 tuán

Ganz allein in ein Restaurant gehen? Ohne Begleitung in einem Café sitzen? Nur wirklich einsame, erbarmungswürdige Menschen tun so etwas. Zu zweit, zu dritt oder am besten in einer großen Gruppe macht das Leben doch gleich viel mehr Spaß.

»Zeit für sich« oder »mal seine Ruhe haben wollen« sind Konzepte, die in der chinesischen Welt wenig Platz haben. Warum allein sein, wenn man auch in Begleitung von Familie oder Freunden etwas unternehmen könnte? Je mehr Leute das Gleiche tun, umso besser. Und um sicher zu sein, dass man am Ende nicht doch den einen oder anderen Moment der Einsamkeit erlebt, formiert man sich in China zur Gruppe: auf Reisen, zum Ausgehen, zum Sport, ja sogar beim Einkaufen, was zudem den Vorteil hat, dass man bessere Preise herausschlagen kann. Einheitskleidung oder zumindest eine einheitliche Mütze sind willkommen – so lässt sich auf den ersten Blick erkennen, wer dazugehört. Dem Individualismus haftet dagegen etwas zutiefst Unsoziales, ja fast schon Subversives an. Während sich Jugendliche im Westen alle erdenkliche Mühe geben, sich von anderen Jugendlichen zu unterscheiden, gilt in China:

am besten wie alle anderen sein. Man muss dazu sagen: Die politischen Lockerungen der letzten zwanzig Jahre haben dazu geführt, dass es mittlerweile auch in China Subkulturen gibt. Gruppen genießen jedoch immer noch Vorzugsbehandlung. Für sie macht man am Flughafen selbstverständlich schnell mal einen neuen Schalter auf, winkt sie aus der Schlange und führt sie an den angesäuerten Einzelreisenden vorbei, die, am Rande bemerkt, meist aus dem Westen stammen. *(fh)*

134

Türgötter

Wächter aus dem Jenseits

门神 ménshén

Gegen weltliche Diebe schließt man in China, wie überall auf der Welt, die Haustür ab. Allerdings gilt es, auch dem transzendentalen Gesindel Einhalt zu gebieten. Zum Beispiel durch Türgötter: Sie verwehren Dämonen den Weg ins Haus.

Wie im echten Leben ist es eine Frage der persönlichen Vorlieben, welchem Sicherheitspersonal man die beste Arbeit zutraut. Da gibt es beispielsweise die Generäle Qin Shubao und Yuchi Gong, die einst persönlich dafür sorgten, dass der Tang-Kaiser Taizong beruhigt schlafen konnte. Um seine Lieblingsgeneräle nicht jede Nacht wach zu halten, ließ der Kaiser ersatzweise Abbildungen der beiden rechts und links der Tür aufhängen. Heute kann man Qin Shubao an seinem blassen Gesicht und dem Schwert erkennen, während der dunkelhäutige Yuchi Gong einen Stab trägt.

Genauso effizient sind die beiden Götter Shen Tu und Yu Lei. Die zwei Unsterblichen sind mit einer Schlachtaxt und einem Stock bewaffnet und beschützen, wenn sie nicht gerade an der Haustür beschäftigt sind, die Pfirsichbäume des Jade-Kaisers, des obersten Herrschers der daoistischen Götterwelt, um nur eine der vielen Legenden um die beiden Wächter zu nennen. Im Alleingang dagegen wehrt der Exorzist Zhong Kui mit Schwert und wallendem Bart böse Eindringlinge ab. Egal wer letztlich an der Tür Wache hält, wichtig ist: Die beiden Wächter müssen sich anschauen. Sie mit dem Rücken zueinander aufzuhängen, bringt Unglück – logisch, denn so können sie sich nicht mehr verständigen und nicht den gesamten Türbereich überblicken. Genauso wichtig ist: Möglichst rot müssen die Bilder sein, am besten auf rotem Papier gedruckt. Geister und Dämonen fürchten sich vor der Farbe Rot, genauso wie das Nian-Monster, das jedes Jahr am Vorabend des Frühlingsfestes aus den Tiefen des Meeres an Land kriecht, um sich an Menschen und Vieh gütlich zu tun. Zu diesem Termin werden die Türbilder daher auch erneuert – so können sie dem Ungeheuer mit neuer Kraft entgegentreten. *(fh)*

福
日
開門大吉
秦叔宝

135 Umweltverschmutzung

Die Schattenseiten des Fortschritts

环境污染 huánjìng wūrǎn

China hat eine der striktesten Umweltgesetzgebungen der Welt. Auf dem Papier. Die Wahrheit stinkt oft zum smogverhangenen Himmel.

China-Veteranen erinnern sich noch an pechschwarze Flüsse und Seen, die nach Öl, Bracke und Abwasser stanken. Hartnäckig hielt sich in den 1980ern die Legende, ein Arbeiter hätte seine brennende Zigarette in einen See geworfen und der sei daraufhin explodiert. Die Volksrepublik China, das war ein Land mit Schwerindustrie, rußenden Kohleöfen und schwarze Dieselwolken hustenden Lastern. Bis 1999, im Zuge der 50-Jahr-Feier der Gründung der Volksrepublik China, das große Reinemachen begann. Flussbetten wurden gereinigt, Straßen geteert, Wälder gepflanzt und Parks angelegt. Seitdem sehen die meisten chinesischen Städte deutlich sauberer aus.

Leider blieb es nur bei der Kosmetik. Die Umweltverschmutzung heutzutage ist meist nicht sichtbar, dafür aber umso massiver. Der smogverhangene Himmel über chinesischen Städten ist nur die Spitze des Eisberges. Bis zu 60 % des chinesischen Trinkwassers sollen durch Chemieabfälle verseucht sein. Dazu kommen enorme Altlasten aus mehr als 50 Jahren des sorglosen Umgangs mit der Natur. Dank einer zunehmenden Sensibilisierung der chinesischen Gesellschaft lässt sich der desaströse Zustand der chinesischen Umwelt auch nicht mehr unter den Teppich kehren. Die Politik nimmt das Problem seit Jahren ausgesprochen ernst, auch weil das Thema immer wieder für Demonstrationen und sozialen Aufruhr gesorgt hat. Anfang Juli 2012 gaben die Behörden in der Provinz Sichuan den Bau eines Stahlwerks auf, nachdem die Bürger über mehrere Tage hinweg gegen die befürchtete Umweltbelastung demonstriert hatten. Im Sommer 2011 konnten Demonstranten zwei große Industrieprojekte in den Ortschaften Haining (Provinz Zhejiang) und Dalian (Provinz Liaoning) verhindern. Und in der Hafenstadt Qidong nahe Shanghai wendeten mehr als 50.000 protestierende Menschen die Einleitung von Abwässern ins Meer ab. *(vh)*

欣

136 Verkehrszeichen
Erstaunt im Schilderwald
牌子 páizi

Ist das jetzt eine betende Nonne? Oder doch eine Warnung vor Steinschlag? Was sagt uns das dreieckige gelbe Schild mit dem schwarzen Rand und dem komplizierten Schriftzeichen in der Mitte? Warum jagt die Eisenbahn den Mann, und heißt das Schild dort wirklich, dass man hier nicht strammstehen darf?

Als wären das Leben als Ausländer in China im Allgemeinen und das Autofahren im Speziellen nicht schon kompliziert genug, gestalten die Chinesen den Alltag zusätzlich noch mit Verkehrs- und Verbotszeichen, die zuweilen selbst den schriftkundigen Westler ratlos zurücklassen. Und Verkehrszeichen gibt es unzählige in China, meist en masse auf ein Schild gedrängt und in einer Frequenz, die selbst die deutsche Schilderbesessenheit in den Schatten stellt. Gerne zeigt sich auch das lokale Straßenbauamt kreativ und erfindet kurzerhand ein passendes Schild, das dann Vorarbeiter Wang oder Ingenieur Liu nach allen Regeln der Kunst zeichnerisch umsetzt. So steht man selbst nach mehrjährigem Aufenthalt wieder einmal vor einem Zeichen, das erst Ratlosigkeit und dann Amüsement hervorruft. Doch das eigentliche Problem sind diejenigen Verkehrszeichen, die man unmissverständlich lesen kann. Denn warum sollte man bei dem kleinen Gefälle vom Fahrrad absteigen, nur weil das Bergabfahren laut Schild verboten ist? Oder wie überquert man den Perlfluss als Fußgänger oder Radfahrer, wenn dies ausdrücklich und offensichtlich verboten ist, die nächste Brücke aber einige Kilometer entfernt ist? Hier hilft nur der Blick auf die chinesischen Kollegen: Die meisten Verkehrszeichen werden in China einfach ignoriert. *(vh)*

注意口
Careful Lip
口紅にご注意下
请保管好您的
Watch out for your
スリにご注意下さ
行人过街地道
易燃、易爆物品
禁止停留
行街文明
10
请勿扔废物
请勿乞讨拾荒
宠物请勿
请勿乱设摊点
请勿露宿街头
请勿损坏公
游人优先
慢

137

Wahrsager

Den richtigen Zeitpunkt finden

算命 suànmìng

Wann ist der günstigste Moment für eine Hochzeit? Soll ich lieber mit dem Bus oder dem Zug nach Guangzhou fahren? Wie kann ich meinen Umsatz erhöhen? Es gibt kaum eine Frage, auf die die chinesische Astrologie keine Antwort findet.

Lange Zeit waren Wahrsager in China verboten. Offiziell. Wirklich ausmerzen konnte auch die kommunistische Propaganda den Glauben an die Wahrsagerei nicht. Mit dem Beginn der Öffnungspolitik tauchten die ersten Astrologen wieder auf. Erst verschämt, in dunklen Ecken, dann offen, am Straßenrand. Heute findet man sie überall an belebten Straßen. Viel Ausrüstung brauchen sie nicht: Eine kleine Tafel mit einer kurzen Notiz zu den besonderen Fähigkeiten und Methoden, ein Hocker für die Kundschaft, fertig ist das mobile Astrologiestudio. Besonders beliebt sind beispielsweise Weissagungen anhand von Hand- und Gesichtsmerkmalen. Das Prinzip ist einfach: Über jeden Lebensabschnitt gibt ein bestimmter Teil des Kopfes Auskunft: Das linke Ohr zeigt das Schicksal der ersten sieben Lebensjahre, danach verrät das rechte Ohr mehr über die Zeit bis zum 14. Lebensjahr. Alle weiteren Lebensabschnitte lassen sich im Gesicht ablesen, wobei für alte Menschen vor allem der Bereich zwischen Nase und Kinn wichtig ist. Eine weitere wichtige Methode ist *bazi:* Hier errechnet der Wahrsager das Schicksal anhand der genauen Geburtsdaten. *(fh)*

指引民间大丈夫
心理咨询
点醒天下奇男子
刘半仙
心理咨询

138 Wanderarbeiter

Das Rückgrat des Baubooms

民工 míngōng

Um die 270 Millionen sollen es sein, ganz genau weiß es jedoch niemand, denn im Grunde sind sie alle illegal unterwegs: Chinas Wanderarbeiter sind nicht nur ein entscheidender Faktor des Wirtschaftswachstums, sie sind vor allem Teil der größten Völkerwanderung aller Zeiten.

Wer in China lebt, besitzt eine *hukou.* Dieses Dokument legt nicht nur fest, wo der Besitzer seinen Wohnsitz hat, sondern auch, wo ihm soziale Leistungen wie Rente, Versicherungen und Schulen zustehen und, im Falle einer ländlichen *hukou,* auch ein Stück Land. Ein Wechsel ist schwierig, wenn nicht unmöglich: Auf dem Lande sind nicht nur die Löhne erheblich niedriger, sondern auch die sozialen Leistungen. Wer würde unter diesen Umständen schon freiwillig eine Shanghaier *hukou* gegen eine Wohnberechtigung eines kleinen Bauerndorfes in der armen Provinz Gansu tauschen? Sinn und Zweck dieses Systems ist es, unkontrollierte Bevölkerungsbewegungen zu verhindern. De facto verwandelt es Bauern jedoch in Bürger zweiter Klasse. Längst gibt es auf dem Lande nicht mehr genug Arbeit für alle. Also machen sich die Bauern auf den Weg in die Städte. Obwohl sie dort illegal arbeiten, sind sie willkommen: Ohne dieses flexible Heer an billigen Arbeitskräften stünden die meisten Baustellen und Fabrikhallen still. Verschlechtert sich die Auftragslage, kann sie der Arbeitgeber von heute auf morgen entlassen. Das ist praktisch. Allerdings nicht für die Wanderarbeiter, die meist unter elenden Bedingungen leben und arbeiten. Auch der Regierung ist bewusst: Im Grunde ist das *Hukou*-System schon längst nicht mehr zeitgemäß. Nach aktuellen Plänen will die Regierung bis 2020 rund 100 Millionen Wanderarbeiter zu legalen Stadtbürgern machen. Das klingt gerecht, dürfte aber teuer werden: Laut dem China International Urbanization Development Strategy Research Commitee fallen an Sozialleistungen umgerechnet mehr als 12.000 Euro pro neuen Städter an. *(fh)*

139 Wasserbüffel

Nur die Harten kommen in den Garten

水牛 shuǐniú

Natürlich gibt es auch für den Nassreisanbau geeignete Maschinen. Doch sie sind in der Regel viel zu teuer für die südchinesischen Bauern und aufgrund der kleinen Parzellen wenig rentabel. Der Wasserbüffel muss sich daher erst einmal wenig Sorgen um seine Zukunft machen.

Klaglos zieht er den Pflug, steht stundenlang bis zum Bauch im Wasser und macht nebenbei auch noch Touristen glücklich, denen das Fotomotiv »Wasserbüffel« Freudenseufzer entlockt: Ländlich-chinesischer wird's nimmer. Überall dort, wo Reis angebaut wird, ist der Wasserbüffel ein wichtiges Nutztier. Pro Tag kann er immerhin einen Viertel Hektar Reisfeld umzupflügen. Auch als Zug- und Lasttiere sind die Büffel einsetzbar. Und der Philosoph Laozi wird typischerweise auf einem Wasserbüffel reitend dargestellt. Für die Bauern Südchinas ist die Anschaffung eines solchen Tieres eine ziemlich große Investition: Rund 4.000 RBM (derzeit um die 475 Euro) kostet ein ausgewachsener Büffel. Dafür arbeiten die Tiere bis zu 25 Jahre lang und bleiben auch als »Senioren« meist noch in ihrer Familie, quasi als Haustier. Auf dem Lande sind oft die Kinder der Familie für den Wasserbüffel verantwortlich und führen ihn auch jenseits der Arbeitszeiten zum Wasser: Von Natur aus mit nur wenigen Schweißdrüsen ausgestattet, braucht er die regelmäßige Abkühlung. Dass man bei dieser Gelegenheit selber planschen und von seinem Rücken aus prima ins Wasser springen kann, versteht sich von selbst. *(fh)*

140 Weibo

Die Freiheit im Netz

微博 wéibó

Der chinesische Staat kontrolliert das Internet. Durch die *Great Firewall,* die China vom Ausland trennt, blockiert er Websites wie Facebook, Twitter, YouTube und hier und da auch ausländische Zeitungen. Theoretisch.

De facto finden die derzeit rund 620 Millionen Internetnutzer ständig neue Wege, die Zensur zu umgehen – wenn sie es denn überhaupt darauf anlegen. Kontroverse und hitzige politische Diskussionen gibt es längst auch im chinesischen Netz. Besonders beliebt sind die twitterähnlichen Weibo-Mikroblogs: Von Amtsmissbrauch und Umweltverschmutzung bis zu gesellschaftlichen Problemen wie den wachsenden Einkommensunterschieden wird hier so ziemlich alles debattiert, was das Volk bewegt. Wirklich kontrollieren lässt sich die Fülle der Weibo-Accounts kaum mehr, auch wenn immer wieder mal prominente Blogger verhaftet werden. Vor allem korrupte Kader lehrt das Internet das Fürchten. Bilder verdächtiger Regierungsangestellter werden blitzschnell im ganzen Land verbreitet, gepaart mit dem konzertierten Zusammentragen von Informationen: Wie viel verdient er? Und wieso kann er sich mehrere Häuser und teure Uhren leisten? Das geht so lange, bis er von den Behörden zur Rechenschaft gezogen wird. *Renrou sousuo* nennt sich dieser Zeitvertreib: »Menschenfleischsuche«. Solange es dabei um niedere Kader geht, trifft dies nicht unbedingt auf die Ablehnung der Partei, denn korrupte Lokalmatadore sind wahrscheinlich die größte Gefahr für die Herrschaft der KP. Dennoch, so viel Freiheit ist dem chinesischen Staat nicht immer geheuer. Seit Frühjahr 2012 müssen sich daher theoretisch alle Mikroblog-Nutzer mit Echtnamen und Personalausweisnummer registrieren lassen. Wirklich durchgesetzt wurde diese Regel allerdings bis heute nicht. Zu groß waren die Empörung und der passive Widerstand. Vielleicht liegt es aber auch einfach daran, dass auch der Staat nicht auf die Möglichkeit verzichten möchte, der »Stimme des Volkes« im Netz zu lauschen und so eine unverblümte Reaktion auf die aktuellen politischen Fragen zu bekommen. *(fh)*

PRADA

141 Weiße Haut

Käsig ist cool

白皮 báipí

In der prallen Sonne sitzen und sogar freiwillig braun werden? In China völlig irrsinnig!

In meiner Hitliste der unerwünschten Komplimente rangiert der Satz »Mensch, bist du schön blass!« ganz weit oben. In China höre ich ihn, allen Sonnenbädern und Spaziergängen zur Mittagszeit zum Trotz, leider immer wieder. Käsig sein bedeutet im Westen, sich keinen Urlaub leisten zu können oder vielleicht von einer Krankheit zu genesen. Computernerds sind käsig oder Champignonzüchter. In China dagegen ist Blässe einfach schön. Wer helle Haut hat, dem sieht man auf den ersten Blick an, dass er keine anstrengenden Arbeiten verrichten muss. Oder anders gesagt: Nur Bauern und Bauarbeiter sind wirklich braun in China, denn sie haben keine Wahl und müssen in der Sonne arbeiten. Der Kampf gegen den dunklen Teint erfordert viel Einsatz: Ein Sonnenschirm versteht sich bei schönem Wetter von selbst, und auch lange Handschuhe sind vor allem bei Chinesinnen sehr beliebt. Sogar Ganzkörperbadeanzüge sieht man an chinesischen Stränden immer wieder, was nichts mit religiösen Tabus oder einem besonders ausgeprägten Schamgefühl zu tun hat, sondern einfach nur verhindern soll, dass die Sonne Spuren hinterlässt.

Wer es sich leisten kann, rückt dem bösen Melanin, das in der Haut für die Bräunung verantwortlich ist, auch chemisch zu Leibe. Bleichcremes und andere Aufheller machen in China rund 60 % des Umsatzes von Gesichtspflegeprodukten aus. Und das sind nur die legalen und ungefährlichen Mittel. Manch einer greift sogar zu wasserstoffperoxid- und quecksilberhaltigen Tinkturen. *(fh)*

142

Wilder Westen

Chinas neue Grenzen

新疆 Xīnjiāng

Xingxingxia an der Grenze zwischen den Provinzen Gansu und Xinjiang gilt als gefährlichster Ort Chinas. Zwanzig Häuser, eine Mautstation, eine Tankstelle, zwei Motels und ein Puff. Fuchsschwanzbüsche rollen über die sandbedeckte Straße. Willkommen in Chinas wildem Westen!

»Sei vorsichtig!«, raunten mir chinesische Freunde schon 1990 zu, als ich zum ersten Mal Xinjiang, die Provinz in Chinas Nordwesten bereiste. »Viel zu gefährlich!«, sagte meine chinesische Freundin 1995, als ich Xinjiang zum zweiten Mal besuchte. »Pass bloß auf!«, schärfte mir das chinesische Filmteam ein, das mich 2006 auf einer Seidenstraßenradtour begleitete.

Passiert ist natürlich nie etwas. Chinas wilder Westen ist ein Konstrukt, das wenig mit der Realität zu tun hat. Für die Chinesen waren die Wüsten des Nordens immer eine unheimliche Angelegenheit und meist Grenze der chinesischen Kultur. In Xinjiang, der »neuen Grenze«, leben vor allem turkstämmige Uiguren. Menschen muslimischen Glaubens, die in China als gefährlich gelten. Was sie in der Regel natürlich nicht sind. Allerdings: 2014 erstachen mutmaßlich uigurische Täter 33 Menschen im Wartesaal des Kunminger Bahnhofes (Provinz Yunnan). Dieser Vorfall geht wohl auf das Konto separatistischer Bewegungen, die ein unabhängiges Osttürkistan fordern. Reist man durch Xinjiang, bekommt man davon allerdings so gut wie gar nichts mit, auch weil die meisten Uiguren sich mit der chinesischen Zentralregierung arrangiert haben. Was bleibt, ist für viele Chinesen das Abenteuer, durch das Fremde, Unbekannte zu reisen, ohne das eigene Land zu verlassen. Chinas wilder Westen, der dann aber bei Weitem nicht so wild ist wie befürchtet.

Das gilt auch für Xingxingxia. Am Abend hatte ich mein Fahrrad unabgeschlossen im Hof des Motels abgestellt. Am nächsten Morgen war es nicht mehr da – vom Manager mit in sein Zimmer genommen, um es vor Dieben zu schützen. »Kommt hier viel weg?«, frage ich ihn. »Nein!«, antwortet er. »Dies ist wohl einer der sichersten Orte Chinas!« *(vh)*

143

Winkekatzen

Geld anlocken

招财 zhāocái

Mit dem Geld ist das so eine Sache: Man muss es locken, ihm den Weg zeigen, sich darum kümmern. Oder sich mit jenen gut stellen, die es leiten.

Ein ausgewiesener Fachmann in Sachen Geld ist der Gott des Reichtums Caishen. Ihm opfert man am fünften Tag des Mondjahres. Wer sich bei ihm besonders einschmeicheln will – immerhin kann er mit seinem Zepter Stein und Holz in Gold verwandeln! –, hängt ihn sich auch zu Hause an die Wand oder richtet ihm eine kleine Nische ein.

Doch warum nur einem Experten vertrauen? Um sicher zu gehen, dass das Geld den richtigen Weg (also den in die eigene Tasche) findet, fahren vor allem Ladenbesitzer zweigleisig und stellen eine Winkekatze am Eingang auf. Als Symbol des Reichtums hat die Katze in China eine lange Tradition. Schon im alten China stand sie für Wohlstand, wohl weil sie Ratten und Mäuse in Schach hielt und so die Ernte schützte. Ihren Weg in die Schaufenster allerdings fand sie erst auf Umwegen: Die Vorstellung von der Glück verheißenden Katze verbreitete sich nach Japan, wo sie wahrscheinlich im 19. Jahrhundert erstmals als Winkekatze in Erscheinung trat – und zwar oftmals am Eingang von Bordellen. Doch auch Kaufleute übernahmen das Symbol (wobei man sich fragen mag, wie sie das neue Accessoire mit zweifelhaftem Hintergrund ihren Ehefrauen nahebrachten). Zurück nach China war es von da nur noch ein kurzer Sprung. Geld heranlocken? Das klang auch für chinesische Kaufleute gut, zumal das Symbol der Katze ja bereits bekannt war. Völlig verleugnen lässt sich ihr Status als Einwanderin allerdings nicht: Die Kalligrafie auf der Goldmünze in der linken Pfote ist meist verräterisch japanisch, zumal die Aufschrift 千万両 (»zehn Millionen Ryō«) sich auf eine alte japanische Währung bezieht. Katzen, die in China hergestellt werden, tragen daher zuweilen den chinesischen Spruch 招财进宝 *(zhāocái jìnbǎo):* Reichtum anlocken und Geld eintreten lassen. Ob es funktioniert, ist schwer zu sagen. Experten empfehlen jedoch unbedingt die Variante mit der batteriebetriebenen Pfote – nicht dass unaufmerksame Finanzflüsse am Ende die Katze übersehen und bei Nachbarn einziehen … *(fh)*

招財進寶

144 Wolkenkratzer

Architektur auf Steroiden

摩天大厦 mótiān dàshà

Höher, größer, ausgefallener – die Skylines chinesischer Städte wachsen jeden Tag ein wenig mehr in die Höhe. Freilich sind nicht immer alle architektonischen Wunderwerke rundum gelungen.

Dem Altbau haftet in China ein gammeliges Image an. Warum sollte ein vernünftiger Mensch freiwillig darin wohnen, wenn er eine neue, moderne Wohnung haben kann? Natürlich gibt es auch Chinesen, die sich mit viel Eifer für den Denkmalschutz einsetzen, für die Mehrheit ist jedoch klar: lieber Chrom und Stahl als Patina. Hochhäuser dagegen tragen eine weithin sichtbare Botschaft: Wir sind wieder wer! Wer es sich leisten kann, baut hoch und auffällig, und das nicht nur in den Küstenmetropolen. Auch die »Lokalfürsten« der Inlandsstädte spielen fleißig mit beim Architekturpoker. Die Ergebnisse muten mitunter seltsam an: So wird das Gebäude des Fernsehsenders CCTV in Peking von den Hauptstädtern liebevoll »Unterhose« genannt, während das 150 Meter steil in den Himmel ragende Hauptgebäude der Volkszeitung *Remin Ribao* gemeinhin als »Großer Penis« bekannt ist. Auch das World Financial Center in Shanghai trägt nicht ganz unverdient den Spitznamen »Flaschenöffner«. Andere wiederum sind nicht einmal einen Beinamen wert: Das (theoretisch) weltgrößte Einkaufszentrum South China Shopping Mall in Guangzhou war schon zur Eröffnung 2005 marode und ist mittlerweile einsturzgefährdet. Ohnehin stehen viele der Prunkbauten leer, weil sie schlicht nicht gebraucht werden oder für das Gros der potenziellen Mieter viel zu teuer sind.

Neben den ästhetischen sind auch die geologischen Spätfolgen nicht immer zu übersehen: In mehr als 50 Städten senkt sich der Boden unter der Last der gigantischen Bauten. In Shanghai mit seinen rund 3.000 Gebäuden mit mehr als 18 Stockwerken sind es jährlich rund 1,5 Zentimeter. Um den Prozess zu verlangsamen, pumpt die Stadt jeden Tag rund 60.000 Tonnen Wasser in den Untergrund. Eine dauerhafte Lösung für dieses Problem gibt es derzeit noch nicht. *(fh)*

145

Xiuxi

Egal wo: Hauptsache, schlafen

休息 xiūxi

Seit gefühlten Stunden stehe ich in der Bank Schlange, um Geld zu tauschen. Nur zwei Kunden trennen mich noch vom Schalter, da lässt die Bankangestellte mit einem Male den Kopf auf die Tischplatte sinken und – schläft ein! »*Xiuxi*«, haucht ihre Kollegin: »um 13 Uhr wiederkommen«. Kein Gejammer, kein Gemecker oder flehende Bitten können daran etwas ändern. *Xiuxi* ist heilig. Und unabänderlich.

Überall und immer: Zeit für eine kleine Pause muss sein! Auf der Parkbank einzuschlafen oder die Busfahrt für ein Nickerchen zu nutzen, ist keineswegs peinlich. Auch auf dem Beifahrersitz des Autos halten die wenigsten länger als fünf Minuten durch und sacken langsam zur Seite. Erstaunlich ist: Kaum hält der Bus an der richtigen Haltestelle, springt der eben noch fest schlafende Nebenmann auf und sprintet heraus. Diese rundum entspannte Haltung in Schlaffragen hat viele Gründe. Schlafen ist gesund, und das Mittagsschläfchen bringe die Qi-Energie wieder auf Trab, heißt es. Oft ist es aber auch ganz profan der Schlafmangel: Vor allem in den Ballungsräumen sind die Arbeitsstunden mitunter lang und Anfahrtswege von mehr als einer Stunde keine Seltenheit. Da ist jede Gelegenheit recht, ein paar Minuten Schlaf nachzuholen. Sogar in der Schule oder an der Universität lassen viele Schüler während des Unterrichts den Kopf auf die Tischplatte sinken. Die Lehrer nehmen es gelassen. Wer so müde ist, dass er im Unterricht einschläft, hat wahrscheinlich die ganze Nacht gelernt. Wenn es um den richtigen Ort für ein Mittagsschläfchen geht, zeigt man sich in China erfinderisch. So haben die Pekinger mit der ersten Ikea-Filiale ihren Wortschatz um einen Begriff erweitert: *Yíjiā wǔjiào* bedeutet »Ikea-Mittagsschläfchen«. Und in der Tat: Um die Mittagszeit sind alle Ausstellungsstücke der Bettenabteilung belegt. *(fh)*

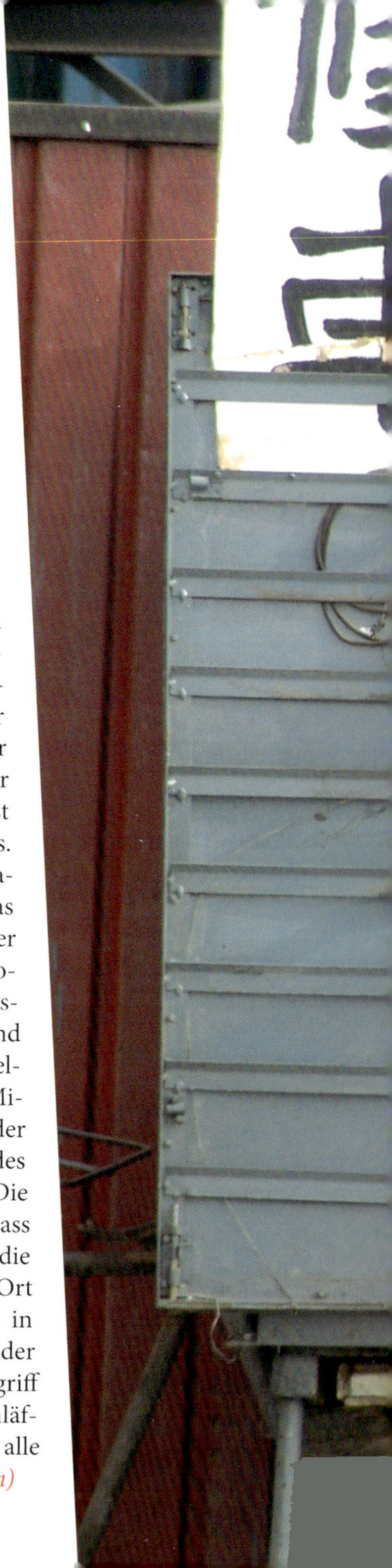

146

Yangshuo

Ballermann vor Karstkegeln

阳朔 Yángshuò

Wir schreiben die frühen 1990er. Ganz China war pizzafreie Zone. Ganz China? Nein, in Yangshuo und Dali regten sich kleine einheimische Cafés, die neben italienischen Teigerzeugnissen auch Banana Pancake und Kaffee feilboten. Balsam für die westliche Seele vieler Studenten, Backpacker und Expats.

Bis Ende der 1990er-Jahre war Yangshuo fest in der Hand westlicher Rucksacktouristen. Chinesische Reisegruppen wurden per Schiff auf dem Li-Fluss durch die malerische Karstkulisse von Guilin nach Yangshuo geschippert, drängten sich gegen 14 Uhr für eine halbe Stunde durch die Souvenirstände, erstanden überteuerten Touristennippes. Dann war der Spuk vorbei. Die Preise in Läden und Cafés kehrten auf Backpacker-Niveau zurück. Joints wurden angezündet und die Weiterreise nach Dali geplant.

Dann begannen die Chinesen, extensiv durch ihr Land zu reisen. Nach Yangshuo kamen sie erst zum Ausländergucken; und als diese immer seltener kamen, der Landschaft, der Cafés und der Fußgängerzone wegen. Bis schließlich die chinesische Jugend die einst geruhsame Kleinstadt entdeckte und sie zur chinesischen Version von El Arenal machte. Der südchinesische Ballermann heißt zwar immer noch Xijie (Weststraße), westliche Rucksacktouristen sieht man jedoch nur noch selten. Sturzbetrunkene chinesische Jugendliche dafür umso mehr. Wer heutzutage die romantische Ruhe der malerischen Karstkegel von Yangshuo sucht, quartiert sich in eine der Pensionen in der Umgebung ein. Banana Pancake gibt es dort immer noch! *(vh)*

威尼斯酒店
Venice Hotel
地球村

147

Zehntausend Götter

Die himmlische Verwaltung

万神明 wàn shénmíng

Stadtgötter, Dorfgötter, Schutzpatrone, Importe aus anderen Religionen ... – der Daoismus ist ein buntes, wechselhaftes Sammelsurium von Göttern und göttlichen Figuren, von denen viele nur regional verehrt werden. So unübersichtlich ist die Fülle, dass wahrscheinlich niemand das gesamte Pantheon überblickt.

Ausgenommen natürlich der Jadekaiser, denn zumindest in dieser Hinsicht ist man sich in China einig: Er steht der bunten Schar wie ein Oberaufseher vor. Unter ihm ist die Götterwelt wie eine ausufernde, unendliche Behörde organisiert. Es gibt Tausende von Abteilungen, Beförderungen und eine Menge Götter, von denen man gar nicht so recht weiß, wozu sie gut sind, die aber schon so lange dabei sind, dass sie einfach dazugehören. Genau deshalb ist der Jadekaiser zwar der Herrscher über die Götter, aber nicht zwingend der wichtigste Gott für die Menschen. Je nach Anliegen richtet man sich an einen Gott, dem man besondere Expertise zutraut. Logischerweise muss es nicht der alleroberste und daher wahrscheinlich viel zu beschäftigte Gott sein – auch im echten Leben wendet man sich schließlich nicht gleich an den Vorstandsvorsitzenden der Bahn, wenn man lediglich eine Fahrkarte kaufen möchte. Besonders wichtig ist der Küchengott Zaojun, der für Heim und Familie zuständig ist und einmal im Jahr, zum chinesischen Neujahr, an den Jadekaiser berichtet. Auch Tudi Gong, der Erdgott, ist eine wichtige Figur, denn er kümmert sich um das Wohlergehen der »normalen« Menschen und um die Landwirtschaft. Interessant ist: Weder der Küchengott noch der Erdgott oder gar die zahlreichen Stadtgötter sind überall im Land identisch – vielmehr handelt es sich um eine Art »Amt«, das al gusto vergeben wird. Bewährt sich der Amtsinhaber nicht, zum Beispiel weil er trotz vieler Gaben und Anbetungen die Wünsche der Gläubigen nicht erfüllt, kann er abgesetzt oder bestraft werden. *(fh)*

Oft werden lokale Gottheiten in aufwendigen Prozessionen geehrt

148

Zheng He

Kolumbus' großer Bruder

郑和 Zhèng Hé

Er segelte in die Fremde, als Kolumbus noch nicht einmal geboren war, und leitete die größte Expedition, die die Welt gesehen hat. Der große Weltruhm blieb ihm jedoch verwehrt.

Es ist eine Geschichte, wie sie Hollywood nicht besser hätte erfinden können: Mit elf Jahren aus der Provinz Yunnan verschleppt, wird der Sklave Ma He kastriert und dient als Eunuch am Hofe des späteren Kaisers Yongle. Er freundet sich mit dem Herrscher an, steigt in der Palasthierarchie auf und wird schließlich dazu bestimmt, für den Kaiser in die Ferne zu segeln und der Welt die Kunde vom mächtigen China zu bringen.

Im Jahr 1405 macht sich Zheng He mit 300 Schiffen und fast 30.000 Mann Besatzung auf den Weg. Auf mehreren Exkursionen via Thailand, Malaysia, Indonesien, Sri Lanka, Oman und Jemen segelte er bis an die Küste des heutigen Kenia. Auch heute noch glauben die Bewohner der Insel Pate, von gestrandeten Chinesen abzustammen. Gut möglich, dass Zheng He sogar Amerika erreichte! Um die 300.000 Kilometer legt die Flotte insgesamt zurück, sammelte Tribut für den Kaiser und versetzte ganze Landstriche schon ob ihrer Größe in Angst und Schrecken.

Für kurze Zeit ist China die wahrscheinlich wichtigste Seemacht der Welt. Doch dann stirbt Kaiser Yongle 1424. Für den Nachfolger Xuande scheint es wichtiger, sich um die Bedrohung aus dem Norden zu kümmern. Auch die Staatskasse leidet unter den kostspieligen Feldzügen gegen die Nomaden – für teure Expeditionen ist kein Geld mehr da. Nicht zuletzt ist den Konfuzianern bei Hofe die Weltoffenheit der Entdecker zutiefst suspekt. Als Zheng He auf einer Exkursion in Indien stirbt, werden die Fahrten kurzerhand komplett eingestellt. Doch nicht nur das: 1436 lässt Xuande die Konstruktion von meerestüchtigen Schiffen mit mehr als zwei Masten zum Kapitalverbrechen erklären. Sogar die Aufzeichnungen des Zheng He wurden verbrannt. Ausgerechnet in Südostasien jedoch bleibt er der chinesischen Bevölkerung in Erinnerung, teils wird er dort sogar als daoistische Gottheit verehrt. *(fh)*

149

Zhongshan

Der gute Mensch von Guangdong

孙中山 Sūn Zhōngshān

Egal welche Stadt Sie in China besuchen, garantiert gibt es im Zentrum eine Zhongshan-Straße, und mit großer Wahrscheinlichkeit ist es sogar die Magistrale.

Hinter dem Begriff *Zhongshan* verbirgt sich die hochchinesische Form des kantonesischen Vornamens Yat-sen. Jedes Kind in China weiß, dass damit der Arzt Sun Yat-sen gemeint ist, unter dessen Führung 1911 die Kaisermonarchie gestürzt wurde.

Bis heute wird Sun in China verehrt – und dies nicht nur auf dem Festland, sondern auch auf Taiwan. Damit ist Sun Yat-sen einer der wenigen prominenten Politiker, die auf beiden Seiten der Taiwanstraße Gefallen finden und auf die sich Kommunisten genauso wie Republikaner ideologisch berufen. Für die meisten Städte ist es daher Ehrensache, ihn möglichst zentral als Straßenname zu verewigen. Auch sein Mausoleum in den Purpurnen Bergen von Nanjing gehört zu den beliebtesten Sehenswürdigkeiten für chinesische Tourgruppen. Irgendwie ist Sun eine freundliche Vaterfigur ohne jegliche negative Eigenschaften, wohl auch weil er keine Gelegenheit hatte, sich nach der Revolution Feinde zu machen. Nur wenige Monate nach dem Sturz des Kaiserhauses übergab er das Amt des Präsidenten an den General Yuan Shikai: Ganz ohne Rückhalt in der Armee schien Sun wenig Chancen zu haben, das Land zu einen. Dass sich Yang daraufhin als Verächter der Demokratie erwies und sich beinahe selbst zum Kaiser ernannt hätte – nur sein plötzlicher Tod 1916 verhinderte dies –, lässt Sun in der Retrospektive umso besser erscheinen. Suns »drei Volksprinzipien Nationalismus, Demokratie und Wohlergehen des Volkes« und der Revolutionsslogan »Alles allen« muten heute mitunter ein wenig naiv an. Was die Besucher des Mausoleums jedoch nicht davon abhält, sich fleißig mit Ansteckern just jener Begriffe zu schmücken. Irgendwie zeigt es ja auch, dass man sich gerade eine Reise nach Nanjing geleistet hat … *(fh)*

150 Zirkus

Künstler mit Rockstarstatus

杂技 zájì

Keine Exotik, kein »Junger Mann zum Mitreisen gesucht«, keine Parallelgesellschaft: In China ist Artist ein Beruf wie jeder andere. Wer im Zirkus arbeiten will, muss sich früh einem harten Selektionsprozess stellen.

Bereits vor 2.000 Jahren waren Akrobatikgruppen fester Bestandteil des kulturellen Angebots im alten China. Als Unterhaltung im Teehaus, auf nationalen Wettbewerben und natürlich vor allem am Kaiserhof wurden regelmäßig akrobatische Shows aufgeführt – als Relikt dieser Zeiten werden auch heute noch typische Teehausutensilien wie Teller, Schüsseln, Gläser, Tische und Stühle verwendet.

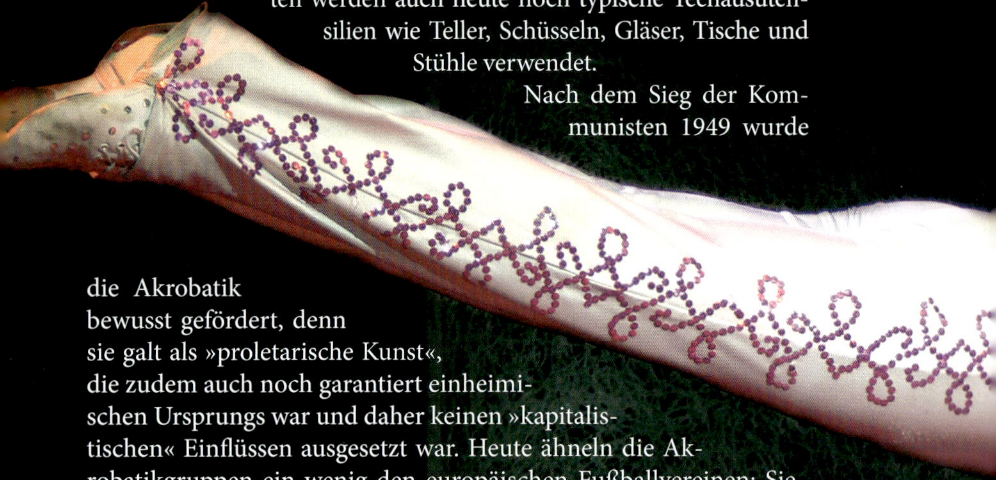

Nach dem Sieg der Kommunisten 1949 wurde die Akrobatik bewusst gefördert, denn sie galt als »proletarische Kunst«, die zudem auch noch garantiert einheimischen Ursprungs war und daher keinen »kapitalistischen« Einflüssen ausgesetzt war. Heute ähneln die Akrobatikgruppen ein wenig den europäischen Fußballvereinen: Sie sind fest stationiert, beweisen sich aber immer wieder bei »Auswärtsspielen«, oft auch auf dem internationalen Parkett, wie beispielsweise der Chinesische Nationalcircus. So wie im Westen Firmen Fußballklubs unterhalten, ist es in China oft eine Frage des Prestiges, sich eine Akrobatikschule zu leisten. Gut 1.000 Truppen gibt es in China derzeit, um die fünfzig davon gehören zur Spitzenklasse.

Einen großen Unterschied zu den »normalen« Berufen gibt es allerdings schon: Artisten sind in China beliebt und oft sehr gut bezahlt. Mit Löhnen zwischen umgerechnet 1.000 und 2.000 Euro gehören gute Artisten durchaus zur neuen Mittelschicht im Reich der Mitte. Mit dem personellen Nachschub will es dennoch in den letzten Jahren nicht mehr so gut klappen: Galten die Zirkusschulen einst als Möglichkeit zum sozialen Aufstieg, zögern viele Eltern heute, ihre (Einzel-)Kinder in den Akrobatikschulen unterzubringen. Schließlich locken auch in der Wirtschaft lukrative Karrierechancen. *(fh)*

151 Zu viele Menschen

Zu wenig ist auch nicht gut

人太多 rén tài duō

Es ist eine dieser typischen Diskussionen im Taxi: Zwanzig Minuten bis zum Ziel, das reicht für einen Rundumschlag über alle aktuellen Probleme Chinas. *»Ren tai duo«*, knurrt der Fahrer und deutet auf die Menschenmengen, die sich vor uns über die Straße drängen.

Fakt ist: In den Städten treten sich die Menschen schier auf die Füße. Wer in Shanghai oder anderen Großstädten nach Büroschluss über die Haupteinkaufsstraßen schlendern will, braucht Durchsetzungsvermögen. Aus gutem Grund: Ende 2012 waren es 1,354 Milliarden Einwohner, damit bleibt China erst einmal das bevölkerungsreichste Land der Welt. Etwas mehr als die Hälfte der Chinesen lebt in den Städten, von denen rund 125 mehr als eine Million Einwohner haben. Eine enorme Veränderung innerhalb weniger Jahre – 2001 lebte nur gut ein Drittel aller Chinesen in der Stadt. Geht es nach den Plänen der chinesischen Regierung, sollen es noch mehr werden: Die Urbanisierung ist einer der vier Hauptpfeiler der »vier neuen Modernisierungen«, wie sie der neue Ministerpräsident Li Keqiang propagiert. Von der Verstädterung verspricht man sich Wirtschaftswachstum, und so lautet das offizielle Ziel, den Anteil der Stadtbewohner in den nächsten zehn Jahren auf 80 % zu erhöhen. So sollen beispielsweise im Süden des Landes die Orte des Perlflussdeltas zusammenwachsen und eine Megastadt von mehr als 40 Millionen Einwohnern ergeben. Gleichzeitig werden fast überall in China Städte am Reißbrett geplant. Allerdings sind diese neuen Siedlungen auch in China umstritten: Zahlreiche künstlich angelegte Städte wie Ordos in der Inneren Mongolei oder das im deutschen Stil errichtete Anting nahe Shanghai sind bis heute Geisterstädte geblieben. Der Grund dafür ist allerdings das genaue Gegenteil von *ren tai duo. Ren tai shao* heißt es hier: zu wenig Menschen. Wer will schon in leeren Wohnblocks leben? *(fh)*

12
11

Für den amüsanten, lehrreichen und geschäftlichen Blick auf China

China ist in aller Munde. Ob wirtschaftlich, politisch oder – im wahrsten Sinne des Wortes – durch einen Besuch beim »Chinesen um die Ecke«. Doch was wissen wir eigentlich über »den Chinesen«?

Erfahren Sie in Jo Schwarz' amüsanter Charakterstudie, was Ihnen kein Reiseführer und kein Länder-Knigge verrät – und was Ihnen der Chinese an sich und im Allgemeinen am liebsten verschweigen würde.

Jo Schwarz: **Der Chinese an sich und im Allgemeinen**
Ein amüsanter Realitätsabgleich chinesischer Stereotype, Taschenbuch, E-Book-Version inklusive, € 9,95 [D], ISBN 978-3-943176-90-2

Sie haben keine Zeit, Chinesisch zu lernen, möchten aber mitreden können? Sie interessieren sich für Chinas Kultur, Gesellschaft und Geschichte – aber kompakt und kurzweilig soll es sein?

Dann ist »Chinesisch für Angeber« genau das Richtige für Sie: Gleichermaßen humorvoll wie fundiert können Sie sich in diesem besonderen Kultur-Sprachführer die wichtigsten Grundlagen aneignen und spannende Hintergrundinformationen zu Land und Leuten erfahren.

Dr. Dagmar Zißler-Gürtler: **Chinesisch für Angeber**
Mitreden können bei der meist gesprochenen Sprache der Welt, komplett in Farbe, inklusive kostenlosen Audio-Hörtexten, € 9,95 [D], ISBN 978-3-943176-74-2

*»**Von Schadenfreude weit entfernt, ist der nun vorliegende Fettnäpfchenführer schlichtweg uneingeschränkt empfehlenswert!**« (Gesellschaft für Deutsch-Chinesische Freundschaft e.V.)*

*»**Der Rezensent bekennt: Er hat kaum einmal ein so informatives und zugleich flott geschriebenes und deshalb genussvoll zu lesendes Buch über die (möglichen) Probleme von Ausländern mit dem Alltagsleben Chinas in der Hand gehabt.**« (Manfred Egenhoff, Deutsche Lehrer im Ausland)*

Anja Obst: **Fettnäpfchenführer China**
Der Wink mit dem Hühnerfuß, gebunden, Flexcover, € 11,95 [D], ISBN 978-3-943176-26-1

Wenn unser Effizienzdenken und unsere Sachlichkeit auf chinesische Flexibilität und ganzheitliche Vorgehensweisen treffen, dann zeigt sich, dass die westliche und die östliche Sicht der Dinge einander oft diametral entgegenstehen. Im Chinageschäft gilt es, rechtzeitig wichtige »kulturelle Vokabeln« zu lernen, um Unterschiede im Verhandlungs- oder Arbeitsstil zu überwinden und erfolgreiche Geschäftsbeziehungen aufbauen zu können.

*»**Geballtes Wissen fokussiert auf den Punkt gebracht, von zwei Autoren, die aus dem reichen Fundus ihrer langjährigen Managementerfahrung schöpfen.**« (Dr. Clemens Schütte, Director International Business, Messe Düsseldorf GmbH)*

Gerd Schneider und Jufang Comberg: **Geschäftskultur China kompakt**
Ein praktischer Ratgeber für den interkulturellen Business-Kontakt, Taschenbuch, komplett in Farbe, € 9,95 [D], ISBN 978-3-943176-32-2